옛 살림 옛 문화 이야기
-마음으로 보는 민속문화유산-

옛살림 옛문화 이야기―마음으로 보는 민속문화유산

지은이 · 김용태 / 1997년 2월 5일 초판 1쇄 펴냄 / 1997년 7월 5일 초판 2쇄 펴냄
펴낸이 · 강근원 / 펴낸곳 · 대경출판 / 주소 · 서울특별시 서초구 양재동 8-6
전화 · 529-8005(代) / 팩스 · 529-8006 / 등록일 · 1995년 12월 23일
등록번호 · 제22-960호 / ⓒ 1997. 김용태

값 10,000원

*파본은 바꾸어 드립니다.
ISBN 89-86758-22-9 03380

♣ 대경출판은 늘 열려 있습니다.
♣ 독자의 전화 · 529-8005

옛 살림 옛 문화 이야기
―마음으로 보는 민속문화유산―

김 용 태 지음

대경출판

추천의 글

　우리 조상들은 선조의 얼과 손때가 스며든 것이라면 비록 깨진 화로, 부러진 퉁소, 손때가 묻은 장롱 하나라도 가보로 간직해왔다. 오늘날과 같이 급변하는 정보산업 사회 속에서도 이러한 조상의 숨결이 배어 있는 민속 자료는 끈질긴 생명력을 유지한 채 전국 곳곳에서 전해지고 있다.
　사실 지난날 민속과 풍물에 관한 조사나 연구는 소수의 학자나 호사가들의 전유물인 양 생각해왔다. 그러나 최근에 들어와 민속이나 풍속, 즉 우리 문화의 뿌리에 대한 관심이 고조되면서 눈과 발로 직접 확인하고 체험을 바탕으로 한 연구물들이 비전문가 사이에서도 유행처럼 쏟아져 나오는 것이 작금의 현실이다. 이는 민속문화 보급과 연구 저변 확대에 매우 고무적인 일일 뿐만 아니라 민속문화의 발전에도 유익한 일이다. 또 한편으로 아직도 민속문화에 있어 조사 연구되어야 할 미개척 분야가 많다는 의미기도 하다.
　이러한 점에서 김용태 기자가 펴낸 이 책은 살아 숨쉬는 민속 현장의 구석구석을 놓치지 않고 눈과 발로 쓴 역작이라 하겠다. 그는 옷 이불 반닫이 삼베 소쿠리 옹기 등 세간살이와 떡 나물 간장 술 등 먹을거리, 보자기 색지함 부채 등 생활공예와 같은 우리의 살림살이를 살펴보았다. 대부분 일반의 민속에 대한 관심이라고 하는 것도 사실상 골동취미적이고 현상학적 차원에 머물러 있는 경우가 태반인데, 김용태 기자는 기자로서의 예리하고 번득이는 기지와 필치를 통해 '민속은 하찮고 보잘것없는 것이다' 란 일반 통념의 틀을 과감히 깨고, 우리의 살림살이 하나하나마다 그 의미와 생활철학이 깃든 내면의 세계까지 그려내었다. 즉 우리 민속문화를 과거 사실에 머무르지 않고 현재에 접목시켜 앞으로의 전승문제까지 다루었다.

 예컨대 그는 하찮은 보자기 하나에도 복을 싸는 의미와 모든 것을 담을 수 있고 그 어느 때든 자기 모양을 바꿔주는 넉넉함과 느긋함이 있다고 보았으며 이외에 조형성과 추상성을 갖춘 기하학적 측면을 부각시켜 우리 민속자료의 실용성과 상징성을 함께 살펴보게 하였다.

 우리는 이 책을 통해 버려지고 잊혀가는 조상의 숨결과 손때가 묻은 살림살이를 다시 보게 될 것이다. 이 책이 담고 있는 것처럼 우리의 살림살이에 깃든 선조의 생활지혜와 철학, 의미를 살펴봄으로써 민속문화의 소중함과 값어치를 일깨웠으면 하는 바람이다. 전통적 가치관이 헌신짝처럼 내팽개쳐지고 있는 요즈음 우리의 자리를 되돌아보게 하는 이와 같은 책이 있다는 것은 마음 든든한 일이 아닐 수 없다.

국립민속박물관장　조유전

들어가는 이야기
탯줄 찾아 떠나는 옛날 더듬기

어머니 뱃속에 들어앉았던 열 달을 기억하는 사람은 아무도 없습니다. 나이가 들어갈수록 간절히 그리워지는 것의 으뜸은 바로 어머니입니다. 굵어진 손매듭으로 눈물을 훔쳐주시던 거친 그의 손길입니다. 가슴에 송송 구멍이 뚫린 듯 가슴 시릴 때 어머니는 마음 훈훈하게 덥혀주는 신앙입니다.

옛것을 본받아 새로움을 만든다는 이야기도 어머니와 다름없습니다. 온고지신(溫故知新), 법고창신(法古創新) 같은 옛 이야기들을 마주할 때면 입속 가득 박하사탕을 머금게 됩니다. 마음이 '화~' 밝아옵니다. 이들 네 글자만큼 삼라만상, 억조창생의 나고 죽는 의미를 간명하게 밝혀주는 것이 또 있을까요.

어릴 적, 어른들 턱밑에 앉아 이야기 듣기를 좋아했습니다. 그 이야기 속에는 어린 제가 경험하지 못했던 넓디너른 세상이 끝없이 펼쳐지게 마련이라서 귀 쫑긋 세우고, 눈동자 반짝이며 듣고 또 들어도 재미가 났습니다. 구슬치기, 숨바꼭질 같은 동무와 즐기던 놀이와는 감히 견주지 못할 기쁨이 있었습니다. 이런 이야기들이 쌓이고 또 쌓인 덕분에 지금, 몸으로 느끼지 못했던 옛날 이야기를, 선조들의 삶을 어줍잖게 글로 옮길 용기를 얻게 된 것이리라 여겨봅니다.

광산 김씨 양강공파 후손인 큰외할아버지는 미수를 누리고 돌아가신 날까지 상투를 틀고 계셨습니다. 기계문명의 혜택을 톡톡히 보고 살던 어린 외손의 눈에 그 어른 상투는 박물관의 전시품 마냥 신기했습니다. 또 한 분, 탐진 최씨 후손인 할머니도 잊지 못합니다. 치마폭을 들추면 살포시 드러나던 진홍빛 두루 주머니, 그 끈을 풀어헤쳐 꼬깃한 지폐나 동전을 꺼내어 손에 쥐어주시던 그 어른의 주름진 얼굴이 선명하게 떠오릅니다.

이런 영향이었을까. 옛날 물건이 좋았습니다. 선조들이 지켜왔던 생활 풍습에도 까닭 모를 관심이 끌렸습니다. 인사동의 고미술품 가게나 황학동 벼룩시장, 장안평의 골동가게를 휘휘 젓고 다닐 때면 절로 힘이 났습니다. 귀신 나올 것 같다며 아내가 손사래를 치는 물건도 곧잘 사들고 들어와 콩나물 값을 고민하는 그의 머리를 더 복잡하게 만든 날도 더러 있었지요. 어찌되었든 함께 살을 부비고 산 지 칠팔 년… 아내는 이제 동짓날이면 이녁이 서둘러 팥죽을 쑤고, 단오날이 다가오면 부채를 선물할 마음을 일으킵니다.

이제 본디 이야기를 해야 할 차례입니다. 이 책은 몸담고 있는 여성지 '리빙센스'에 일년 반가량 실린 것을 기틀로 삼았습니다. 빼낼 것은 빼내고, 살 덧붙일 것은 덧붙이는 일을 두 해 남짓 반복하면서 '이책을 꼭 내야 하나…' 고민했습니다. 짧기만 한 세상살이 연륜은 고사하고, 민속에 관해 체계적이거나 전문적인 지식도 없으면서 이런 글을 한 권 책으로 묶는 게 죄스러웠습니다.

그렇지만 자잘한 살림 하나에도 숭고한 혼을 불어넣던 선조들의 그 지극한 정성을 '바쁘다 핑계 삼아 접고 사는' 요즘 이들과 더불어 되새기고 싶은 욕심으로 늘 마음이 일렁거렸습니다. 무위자연의 여유로운 삶을 이어온 선조들의 신선사상, 풍류도, 선비정신 같은 고결한 정신문화는 대충 사는 데 익숙한 오늘 우리가 본보기 삼아야 할 값진 유산이라는 마음도 먹었습니다.
 가스등의 도시로 기억되는 먼 나라, 독일 뮌헨에서는 지금 '느리게 살기 운동'을 펼치고 있다고 합니다. 그 소식을 대했을 때 그네들의 간절한 몸짓이 눈에 아른거렸습니다. 바쁘게 뛰어본들 결국에는 기계의 부속품처럼 취급되고 마는 덧없는 삶을 막겠다는 결연한 함성이 들리는 듯했습니다. 한편으로 우리도 조상들이 물려준 수준 높은 문화를 되새겨 자신을 낮추며 살아가는, 맑게 둥지를 트는 살림법을 본받아야 하겠다는 각오도 생겨났습니다.
 다가오는 세기, 새로이 바뀌는 또 한번의 천 년은 동양의 자연사상이나 정신문화가 지구촌을 아우를 것이라는 분석이 나오고 있습니다. 우리네 전통문화, 이를테면 효(孝)나 예(禮), 의(義) 같은 삶을 정제시키던 옛날의 정서가 우위를 차지하는 시대가 된다는 것이겠지요. 현실로 와닿지 않는다 해도 듣는 것만으로도 기분 좋은 이야기입니다. 주제 넘지만, 꼭 이런 분석이나 예측이 아니어도 이젠 정말 정체성을 찾고 세우는 일에 힘을 쏟아야 할 때가 아닌가 싶습니다. 느릿느릿 걸어도 소걸음이라 하지 않습니까.
 책갈피 마다에 드러난 것들 중에는 더러 역사적인 사실과는 무관한 것, 아니 오류도 많을 것입니다. 지식이 얇고, 소견이 좁은 탓입니다. 감히 너른 마음으로 이해해주실 것을 부탁드립니다. 따가운 질책도 함께 보내주시면 더 좋겠습니다. 진기한 옛 민예품이 자신의 손에 들어오면 늘 "건너오라" 연락을 주어 그 향기에 취할 수 있도록 배려해주신 고미술품 전문점 '예나르' 양의숙 선생님께 감사를 드립니다. "언제 책을 보여주느냐?" 채근을 아끼지 않던 부채 장인 금복현 선생님께도 많은 도움을 받았습니다. 이밖에 인사를 올릴 분들은 참으로 많고도 많습니다. 한꺼번에 인사를 드리는 무례를 용서해주십시오.
 보잘것없어서 부끄러운, 이 한 권의 책이 메마른 삶을 이어가는 이들의 가슴을 촉촉하게 적실 수 있으면 좋겠습니다. 모두에게 마음속의 봄이 빨리 다가오길 두손 모아 빕니다.

정축년 정월에…
김 용태

차 례

- **추천의 글** / 4
- **들어가는 이야기** / 6

제1부 혼을 불어넣어 빚은 세간살이

빼어난 추상성과 보색 대비가 아름다운 보자기 / 15
들숨, 날숨을 쉬는 살아있는 생명, 옹기 / 26
반닫이, 삶을 담고 한을 풀던 살림살이 / 40
대나무와 소쿠리… 그 쓰임새 많던 변용의 미학 / 52
불그릇, 어둠을 물리친 광명의 세상 / 62

제2부 야무진 손끝으로 피워낸 치레살림

색지함, 오색영롱한 탐나는 물건 / 75
숭고한 정신과 덕을 담은 부채 / 85
이불, 깃 몸판 호청에 끌어안은 작은 우주 / 96
관용과 화해의 넉넉함이 담긴 우리옷, 한복 / 110
빙빙 도는 물레가 빚은 고난의 상징, 삼베 / 125

제3부 피와 살, 뼈를 만든 먹을거리

맛의 고향, 가문의 맥박이 느껴지는 간장 / 139
자연의 생기, 기운을 실은 나물 / 153

떡, 생로병사, 통과의례를 지켜본 먹을거리 / 164
분수에 맞춰 만든 남을 위한 음식, 별식 / 174
장아찌, 곰삭아서 새록새록 정이 쌓인 깊은 맛 / 184
가슴을 녹이고 격을 갖추던, 술 / 192

제 4부 자연 속에 들어앉은 삶, 그리고 세상

흙·흙집, 어머니의 숨결이 들려온다 / 205
자연에 묻혀 세상을 호흡하던, 정자와 원 / 221
무늬와 문양, 꿈과 소망을 아로새긴 어여쁜 미학 / 232
오묘한 삶에 조화의 끈을 엮어낸 음양과 오행 / 241
장도, 정절과 지조가 살아 있다 / 251

부 록

아련한 향수와 추억을 불러일으키는 인사동, 인사동 거리 / 266
전통의 향기를 피워내는 소중한 사람들
　·보자기 / 272　·옹기 / 274　·반닫이 / 276　·대소쿠리 / 278　·색지함 / 280
　·부채 / 282　·한복 / 284　·삼베 / 286　·간장 / 288　·나물 / 290　·떡 / 292
　·장아찌 / 294　·술 / 296　·별식 / 298　·장도 / 301

제 1 부
혼을 불어넣어 빚은 세간살이

빼어난 추상성과 보색 대비가
아름다운 보자기

한손에 보자기를 들고 또 한손에 아이의 손을 붙잡고 걸어가는 여인네의 뒷모습은 정겹다. 말없이 제 갈 길을 재촉해 걷는다 해도 가만가만 주고받는 모자의 사랑스런 대화가 귓가에 들려온다.

대문만 열면 고불고불 펼쳐지는 집 어귀 고샅에서 보자기를 든 손을 구경하기란 쉬운 일이었다. 대문을 빼꼼히 열어놓고 툇마루에 앉아 하릴없이 바깥 세상을 구경하던 어린 시절, 눈이 아프도록 스쳐 지나가던 것은 보자기, 보자기, 보자기였다. 우리의 어머니, 누나, 할머니, 이모, 고모들의 보자기를 든 손들이었다. 적어도 십수년 전만 해도 그랬다.

하지만 요즘에는 어느 백화점, 어느 쇼핑센터의 이름이 박힌 종이가방을 찾으려면 모를까 보자기를 든 그 얌전한 손을 길거리에서 구경하기란 참으로 어렵다. 돈 주고 사서 볼 만큼 귀한 풍경이 되었다.

보자기가 사라진 오늘…

물건을 싸고, 운반하고, 덮던 보자기가 우리 곁에서 사라져가는 이유는 뭘까. 들고 다니기 불편해서? 왠지 촌스러워서? 아니면 세상이 좋아져 모든 것을 배달해버리기 때문에? 그것도 아니면 보자기 값이 엄청나게 비싸서? 보자기는 아무튼 오늘도 우리 곁에서 점점 멀어져가고 있다.

그러나 보자기에 서리서리 서려 있는 의미에 조금이라도 발을 담근다면, 보자기의 실종(?)에 대해 안타까움과 '이래서는 안 되지…'라는 생각에 정신이 퍼뜩 들 만큼 가슴에 묘한 울림이 전해진다.

이 나라 사람치고 보자기의 쓰임새를 모르는 사람은 없다. 접어놓으면 하찮은 천 조각에 다름없다가도 펼치면 제 몸뚱어리 이어지는 데까지 물건을 감싸주는 넉넉함이 있고, 밥상 위에 올라앉아서는 임 기다리는 아낙마냥 수줍게 제 모양을 드러내는 순박함이 있는 것이 보자기 아닌가.

보자기는 그 필요에 따라 우리의 생활 속에서 가리고, 받치고, 덮고, 꾸미고, 상징하고, 신앙적인 바람의 대상으로 쓰이던 물건이다. 이런 까닭에 우리의 옛 보자기는 반상의 구별 없이 두루 쓰였다.

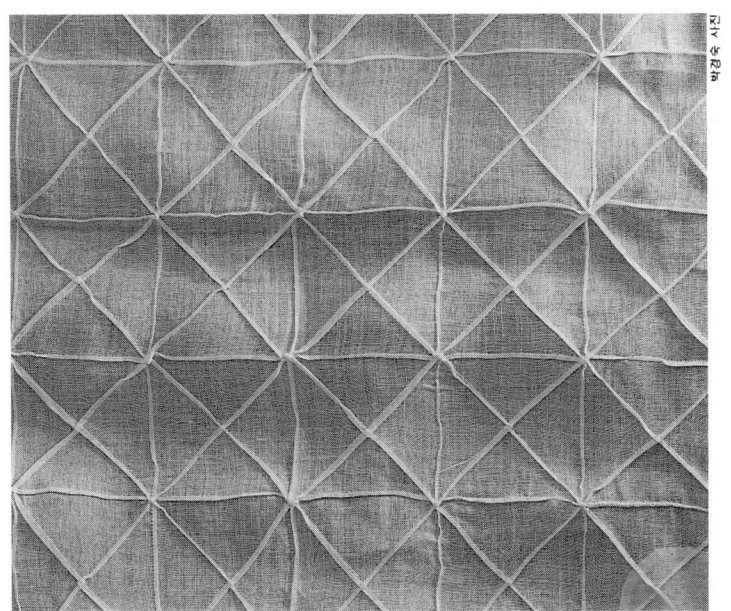

조상들은 보자기를 신앙으로 대했다. 보자기에 물건을 싸두면 복이 간직된 다는 믿음이 있었다.

돌담 넘어 옆집으로 떡을 돌릴 때, 귀한 사람에게 선물을 보낼 때, 혼인을 청하던 사주 단자를 보낼 때, 아들 딸 잘 낳게 해달라고 기원을 할 때… 약방의 감초마냥 빠지지 않는 것이 바로 보자기였다. 보자기는 용도와 격식에 따라 곱게 수놓은 수보자기, 청홍색을 겉과 속에 댄 색보자기, 쪽물 들인 허름한 무명 보자기 등이 쓰였다.

보자기에 묻어 있는 따사로운 사람의 정

우리의 보자기가 생활 구석구석에 자리잡을 수 있었던 것은

절묘한 색의 조화, 기하학적인 면 배치, 언뜻언뜻
비치는 옷감의 문양이 한데 어우러진 조각보는
조형성과 추상성이 실로 뛰어나다

우리의 정서, 우리의 문화와 무관하지 않다. 사람을 존중하고 물건을 소중하게 여기는 마음이 없었다면, 좁은 공간에서 자질구레한 물건을 감추어보려는 정갈한 마음씀이 없었더라면 우리에게 보자기라는 이름은 존재하지 않았으리라.

보자기가 소중하게 간직된 까닭은 또 있다. 우리의 조상들은 보자기를 하나의 신앙으로 여겼다. 보자기에 싸두는 물건을 복(福)으로 여겨, 복을 싸두면 그 복이 간직된다는 믿음을 갖고 있었다. 이런 신앙의 대상은 통과의례 때 잘 나타난다. 혼례를 올릴 때 곱게 수놓은 보자기에 혼인 예물을 싸두었던 것은 복 중의 복을 싸둔다는 충족감을 불러일으키기에 충분한 것이었다. 단순히 물건을 싸두는 기능에만 치우치지 않았던 조상들의 여유롭고 순박한 마음을 오늘 우리가 어찌 미신 좇는 아둔함으로 매도할 수 있겠는가.

그렇다. 우리네 보자기에는 사람 사는 따뜻한 정이 묻어 있다. 천 조각 한 올 한 올에 사람 사이에 오고간 삶의 흔적이 배어 있다. 생울타리 넘어 떡 한 접시 돌릴 때 살포시 얹어 보내던 보자기에는 콩 한 쪽도 나눠 먹던 훈훈한 마음이 깃들어 있다.

보자기는 삶의 소리를 들을 줄 아는, 그 삶을 더욱 돋보이게 하는 살아 있는 생명체나 다름없다. 먼 길 나선 아들의 무사안녕을 기원하며 장독대에 정한수 한 그릇 떠놓고 손 비비는 어머니의 사랑도, 보자기는 정한수의 밑받침이 되어 함께 듣고 함께 받아먹었다.

문안 인사를 적은 일자상서 서찰을 보낼 때도 마찬가지. 정성껏 써내려간 사연을 보자기에 곱게 싸 마음에서 우러난 정성을 은연중 드러냈다. 오늘날의 우체국 소인 찍힌 편지 봉투에 비하면 그 얼마나 멋스럽고 운치 있는 풍경인가.

통과의례의 깊은 의미가 배어 있는 보자기가 아니면 보자기는 요샛말로 포장지 아니 포장천이 되어 이 집에서 저 집으로, 저 집에서 또 이 집으로 이렇게 돌고 또 돌았다. 말 못하는 무생물이라도 여러 집 살림살이를 실컷 구경하고, 또 지극한 마음을 이리저리 연결해주는 매개체 노릇을 톡톡히 했다.

예술적 미학과 추상성이 돋보인다

우리의 보자기는 이런 상징성 말고도 또 다른 소중함이 담겨 있다. 다름아닌 보자기에 드러난 미의식이다.

보자기의 미학은 조각보 하나만 펼쳐도 압도당하고 만다. 빨강, 파랑, 노랑, 하양, 까망 우리네 색의 상징인 오방색이 적절히 배합된 조각보는 보는 이로 하여금 절로 감탄을 자아내게 한다.

절묘한 색의 조화, 기하학적인 면 배치, 언뜻언뜻 비치는 옷감의 문양이 한데 어우러진 조각보는 조형성과 추상성이 실로 뛰어나다. 한 폭의 걸작 추상화를 감상하게 만든다.

우리의 조각보에는 20세기 초반의 세계적인 추상화가 몬드리안이 숨어 있고, 역시 같은 추상화가인 클레의 화폭이 한쪽에 엎드려 있다. 규방 깊은 곳에서 세상 구경 한번 제대로 못했던 우리의 옛 여인들이 어떻게 세계적인 추상화의 거장들보다 2백여 년 이상 앞서 이런 예술성 뛰어난 작품을 만들 수 있었을까. 그저 놀라울 뿐이다. 벌어진 입을 다물지 못한다.

시인 김춘수가 노래한 「보자기 찬」이란 시는 이러쿵저러쿵 토를 달지 않더라도 그 뛰어난 의미를 느끼게 해준다.

독특한 문화유산/우리의 보자기에는/몬드리안이 있고/폴 클레도 있다/현대적 조형감각을/유럽을 훨씬 앞질러 드러내고 있다/그러면서 그 표정은 그지없이 담담하다/마치 잘된 우리의/가을 하늘처럼 신선하다/그것은 어느 개인의 폐쇄된 자의식에서/풀려나 있기 때문이다/그것은 그대로/익명성의 느긋함을 말해주고 있다/그것은 그대로 또한/우리 배달겨레의 예술감각이요 생활감정이다/거기에는 기하학적 구도와/선이 있고/콜라주의 기법이 있다/그러나 그것(보자기)은 또한 가장 기능적이고/실용적이다/그렇다/그것은 또한 가장 격조 높은 미니멀 아트(Minimal Art)가 되고 있다/거기에는 아름다움을 한결 따뜻하게 하고/한결 가깝게 느끼게 하는 그 무엇인가가 있다/그것은 그대로의 우리(한국인)의 가슴에 와닿으면서/고금을 넘어선/세계성을 지니고 있다/이런 것이 바로 우리 배달겨레가 간직한 겨레의 슬기가 아니었던가?

여기서 우리는 우리 어머니들의 놀라운 미의식에 머리를 숙여야 한다. 아니 그 독창적인 미의식을 오늘에 되살려내기 위해 보자기를 알아야 한다. 배워야 한다.

모르긴 해도 그림이라고는 감상해본 적도 없었을 우리의 여인네들이 이런 미의식을 표출할 수 있었던 것은 순진무구한 마음이 있었기에 가능했으리라. 본성이 더럽혀지지 않을 때 사람은 아름답다. 자신만의 담담하고 자연스런 향기를 품어낸다. 아무런 가식 없이….

갖가지 문양으로 멋을 부린 조각보는 수준높은 예술작품이다. 공간을 꾸미는 소품으로도 훌륭하다.

쓸모없던 천조가리에 생명과 다른 인연을 맺어주고…

옛 여인네들이 남긴 조각보는 이름 그대로 조각을 이용해 만든 것이다. 의도한 작품이 아니라는 것이다. 옷감이 귀했던 그 시절, 여인들은 조각천 하나도 귀하게 보관했다. 그 조각은 나중에 새로운 생명으로 탄생된다는 것을 경험으로 알고 있었던 것일까.

여인들은 긴긴 밤, 소중하게 간직했던 조각천들을 꺼내어 하나둘 이어갔으리라. 바늘귀에 색실을 끼어 홈질, 공그르기, 상침질, 시침질, 반박음질, 박음질을 반복해가며 무위의 예술품을 창조해냈으리라. 모나면 모난대로, 둥글면 둥근대로 제 모양을 살리면서 떨어져 있으면 아무짝에도 쓸모 없는 천조가리에 생명을 불어넣고 또 다른 인연을 맺어주었으리라.

작은 조각을 이어가는 일은 옷감을 마르고 짓는 일처럼 시간을 다투는 것이 아닐 터. 조각보 하나를 완성하는 데 한 달이 걸려도, 두 달이 걸려도 거칠 것이 없었으니 서두는 일은 더욱 없었을 것이다.

어느 날은 밤 마실 온 양주댁이 한 조각을 이어주고, 또 어느 날은 잠 안 오는 시누이가 건너와 한 조각을 이어주기도 했을 것이다. 조각보는 이처럼 여러 사람의 손길을 거쳐, 말하자면 협동작업을 통해 비로소 조각보의 운명을 부여받게 되었는지 모를 일이다.

복을 나누어 가지는 넉넉한 여백미도 돋보인다

간혹 눈에 띄는 옛 조각보들 중에는 사용한 흔적이 없는 것이 많다. 이것들은 오랫동안 대물림을 거쳐 장롱 깊숙이 간직되어온 것이다. 어머니에게서 딸에게, 그 딸의 며느리에게…. 이런 과정을 거쳐 조각보가 간직되었던 것은 복을 빈다는 믿음, 즉 신앙이 있었기에 가능한 일이었을 것이다.

따라서 우리의 조각보에는 소중한 것을 서로 나눠 가질 수 있는 공유의 개념이 들어 있다. 굳이 내 것이라는 물욕을 부리기보다 귀한 사람, 좋은 사람에게 하나둘 건네주며 그 사람의 복을 빌고 또 빌던 자상함과 인정이 스며들 넉넉한 여백이 드넓게 자리잡고 있었던 것이다.

자칫하면 버려지기 쉬운 폐품을 멋스런 예술품으로 새 생명을 불어넣는 생명 의식과 알뜰함이 솔솔 피어나는 것이 조각보다.

우리의 보자기는 그 용도에 따라 다양한 이름을 가지고 있었다. 전대보, 보부상보, 후리보, 밥상보, 이불보, 빨랫보, 버선본보, 받침보, 덮개보, 채찍보, 횃대보, 간찰보, 서답보, 함보, 경대보, 목판보, 반디그릇보, 기러기보, 금박보, 사주단자보, 예다보, 노리개보, 연길보, 폐백보, 명정보, 기우제보, 보쌈보….

이런 보자기의 이름이 다시 우리 입에 오르내릴 날이 있을까. 아니면 박물관에서 그 이름만 간직한 채 보자기의 쓰임새를 전혀 알지 못하는 우리네 후손에게 쥬라기의 화석처럼 구경거리로만 남게 될 것인가.

시장에 나가면 웬만한 크기의 보자기 한 장이 단돈 천 원이다. 웬 서양 멋이 그토록 좋은지 알록달록 포장지에 선물 한번 싸려고 해도 포장지 값만 천 원이 넘게 드는 것이 오늘의 현실이다. 게다가 모양을 더 내려면 몇백 원 몇천 원을 주고 예쁜 리본을 또 붙여야 한다.

다양한 쓰임새, 긴 생명력

거기에 비한다면 우리의 보자기는 얼마나 실용적인가. 한번 감싸 묶으면 리본도 필요 없고 접착 테이프도 필요 없다. 또 종이로 싼 포장은 한번 뜯어내면 홈집이 나 곧장 쓰레기통 행차지만 보자기는 그럴 염려가 없다. 매듭을 풀어 접어두면, 언제나 그 쓰임이 생기면 다시 보자기가 되는 것이다. 생명력이 길다는 이야기다.

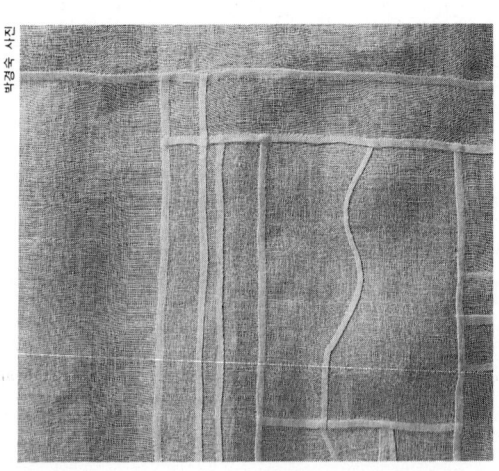

모시로 만든 조각보는 눈부시도록 투명해 보는 이로 하여금 욕심을 내려놓게 만들고 만다.

입으로만 환경 보호를 외치지 말고, 우리 오늘부터라도 보자기를 쓰는 일에 적극 나서보는 것은 어떨까. 지갑에 보자기 한 장 잘 접어두었다가 시장을 볼 때 보자기의 매듭을 묶어 간편한 장바구니를 만들어보는 것은 어떨까. 비닐봉지 달랑달랑 들고 장을 보는 것보다 보자기에 복을 담듯 먹거리를 담아온다면, 그 음식은 간이 없어도 절로 맛나지 않을까.

잊혀진 보자기의 이름을 다시 불러볼 수 있는 날은 우리가 맘 먹기 따라 앞당길 수 있으리라.

들숨, 날숨을 쉬는
살아있는 생명, 옹기

일 잘하고, 아들 잘 낳는 '이쁜' 며느리 엉덩이처럼, 통통하게 살찐 항아리를 손가락으로 톡 튕겨본다. 맑은 쇳소리가 '퉁~' 허공을 맴돌다 흩어진다. 세상의 어느 악기가 이리 좋은 소리를 낼까. '스타인웨이'의 피아노가 '스트라디바리우스'의 바이올린이 겨울 하늘의 허공을 가르는 바람결 같은 맑은 소리를 따라올까. 모르긴 해도 세계적인 명품 악기들이 제아무리 좋은 음색을 뽐낸다 해도 된장 먹고 사는 토종 귀에는 옹기가 피어내는 그 소리만큼 좋은 소리는 없을 듯싶다.

하지만 이 맑은 옹기의 울림이 우리 곁에서 점점 사라져가고 있다. 귀가 떨어질 듯 들판을 가르는 겨울 바람 같은 맑은 소리가 울려퍼지던 양지볕 장독대가 허물어져가고 있다. 다루기 힘들다, 쉽게 깨진다, 자리를 많이 차지한다…저마다 둘러댈 수 있는 핑계를 대어가며 우리네 황토흙을 몸에 담은 옹기를 구석진 자리로 내몰고 있는 것이다. 단독주택에 살다 근사한 새 아파트로 이사를 가는 집을 보면 몇 십년 손때를 묻힌 옹기들을 슬쩍 떨궈놓고 가는 집도 많다. 서글픈 일이다. 어쩌다 수백년, 아니 수천년 내려온 우리네 살림살이 옹기가 이런 푸대접을 받게 되었는지 안타깝다.

어쩌다 우리네 옹기가 구석으로 내몰렸을까

아무렇게나 뒹굴려도, 속상하면 홱 들어 저 멀리 힘껏 내던져도 쉽게 깨지지 않는 양철통이나 플라스틱 그릇들은 막 샀을 때는 물 오른 기생년 낯바닥마냥 산뜻하다. 사람 마음을 혹하게 잡아당긴다. 하루종일 엎드려 일만 하느라 얼굴에 분단장할 틈조차 없는 조강지처 손등마냥 투박스러운 옹기와는 비교가 안 된다.

그러나 세상 사는 이치가 어디 그런가. '화류 계집 삼 년이고, 본댁 정은 백 년이다'고 하지 않던가. 수십년, 수백년 정 나누고 손때 묻히기에는 제아무리 분칠 잘한 양철통 플라스틱통이라 해도 옹기의 깊은 맛을 따라올 수는 없는 노릇. 기생이 퇴기 되기는 잠깐 세월이며, 장도 묵을수록 깊은 맛이 나고, 조강지처는 살기가 힘들 때 그 진가가 나오는 것 아닌가.

굳이 박물관까지 다리품을 팔며 찾아가지 않더라도 종가집 드넓은 광 속이나 장독대에서 쌀독으로 간장독으로 수백년 이상 대물림하고 있는 항아리들이 많은 것도 바로 이런 까닭이다.

요즘 사람들 제 건강 돌보는 일은 아무도 못 말릴 지경이다. 어느 측면에서는 도가 지나칠 만큼 악착스럽고 극성스럽기까지 하다. 제 몸 아끼기에 관심 높은 사람의 식탁을 보면 무공해 농작물이 빠짐없이 올라간다.

음식을 담는 그릇들은 또 어떤가. 바이오 김치통, 멜라닌 그릇, 원적외선 그릇… 심지어 냉장고까지 바이오 제품이 등장하는 시대가 되었다. 이 모든 것을 몸에 좋다니까, 이런 물건을 두고 쓰면 오래 살 수 있다니까 비싼 것 아랑곳 않고 사들이는 것이다.

숨을 쉬며 살아 있는 찰흙 항아리

이런 사람들의 눈에 옹기가 들어오지 않는 이유를 모르겠다. 하긴 세상에는 알 듯 모를 듯한 일들이 그 얼마나 많은가.

찰흙을 이겨 만든 항아리는 숨을 쉰다. 입 열어 말 한마디 못하는 무생물이어도 생명을 갖고 쉼 호흡을 한다. 이를테면 '바이오' 효과를 내는 것이다. 이렇듯 우리네 조상들은 그릇 하나를 만들 때도 생명을 불어넣는 지혜를 갖고 있었다.

옹기는 그랬다. 제 몸 속에 습기가 있으면 숨을 내쉬어 그것을 밖으로 뿜어냈고, 제 몸 속이 건조해 습기가 부족하면 반대로 숨을 들이마셔 습기를 조절할 줄 알았다. 제 스스로, 제 몸의 상태를 조절하는 능력을 갖고 있었던 것이다.

이런 옹기를 젖혀두고 석유 한 방울 안 나는 나라에 사는 이 나라 사람들이 석유에서 뽑아낸 재료로 만든 그런 그릇들을 사들이느라 힘을 쏟는지 정말 모를 일이다.

옹기는 이 땅 어디에서나 지천으로 흔한 찰흙으로 만든다. 찰흙을 적당히 말리고, 물에 풀어 수비하고, 떡칠 때 쓰는 매로 이리 메치고 저리 뒤엎어가며 반죽을 한다. 그 다음엔 찰흙을 물레에 얹어 동글동글 물레질을 하면서 옹기장 제 뜻대로 높이를 조절하면 새로운 생명이 탄생된다.

옹기장이의 마음 따라 달라지는 생김새

옹기는 뜯어보면 볼수록 정이 가는 물건이다. 목은 좁고, 배는 볼록, 아랫도리 날씬한 맵시를 갖고 있다. 그 모양새를 찬찬히 뜯어보면 너그럽고 따뜻한 어머니를 보는 듯하기도 하고, 인정 많은 누이의 단정한 옆모습을 되찾아낸 듯 겨지기도 한다.

옹기를 만들 때 이용되는 도구들이 항아리 뚜껑 속에서 얌전하게 제자리를 지키고 있다.

하지만 옹기는 얼핏 보기에는 그 놈이 그 놈 같고, 저 놈이 또 저 놈 같다. 그러나 한참을 들여다보면 제각각의 모양새가 살아난다. 설핏 보면 그 모양이 그 모양 같아도 뜯어보면 저마다 다른 모양새를 눈으로 느끼게 하는 것이다.

옹기장이가 신바람이 나서 물레를 친 옹기와, 무언가 찜찜한 기분에서 물레를 친 옹기는 생김새부터 다르다. 앞에 것이 쾌활

새 주인을 만나기 위해 보성의 옹기장 이학수 씨네 대밭 가장자리에서 다소곳이 제자리를 지키는 옹기들. 발그레 피어난 갈색이 아름답다.

옛 살림 옛 문화 이야기

하고 활기찬 모양을 갖추고 있다면, 뒤에 것은 왠지 모르게 조화가 잘 이루어지지 않는다. 주둥이에서 볼록한 배, 날씬하게 감싼 아랫도리로 연이어 흘러내리는 선만 보아도 옹기장이의 마음을 읽을 수 있는 것이다.

또 볼록, 불룩한 옹기의 통통한 배에 그려진 수화(手畵) 그림은 촌스러운 어색함이 있기에 볼수록 정감이 생긴다. 고려청자니 이조백자니 하는 고급 그릇이 아닌지라 만드는 옹기장이서부터 달리 유난을 떨며 공들일 이유가 없었기에 옹기는 우리 곁에 더 쉽게, 더 친근하게 다가오는 것이다.

우리네 심성이 배어 있는 황갈색 은은한 몸뚱어리

옹기의 색깔 또한 눈여겨볼 만하다. 그만한 볼품이 있는 까닭이다. 황갈색 은은한 옹기의 몸뚱어리를 쳐다보노라면, 남에게 해코지할 줄 모르는 우리네의 순박한 심성이 가만가만 전해온다. 모르긴 해도 그 색은 우리네 심성을 드러내는 가장 강렬한 색이 아닐까.

상상해보자. 옹기가 흰색 투명한 백자로 만들어졌다면, 가을 하늘빛 닮은 청자색을 띠고 있다면… 아무리 접어 생각해도 거리감이 생길 것 같다. 차가운 흰색, 청색을 띠고 있다면 정이 쉽게 들지 않을 것 같다. 사람이건, 물건이건 차갑고 냉랭한 것은 정이 쉽게 가지 않는 법. 사람도 '허허' 소리내어 잘 웃고, 다른 사람의 아픔, 슬픔도 함께 나눌 줄 아는 사람에게 더 정이 가지 않던가. 옹기의 그 황갈색 몸 빛깔 또한 먼지가 적당히 앉아도 쉬이 표가 나지 않기에 더 정이 쏠리는 것 아닐까.

불룩 튀어 나온 옹기의 배도 볼 만하다. 밋밋하게 잿물 유약을 발라놓은 옹기보다 옹기장이가 아무 생각 없이 유약을 손으로 쓱 훔쳐낸 수화 그림이 있는 옹기는 더 멋스럽고, 더 정이 넘쳐난다. 손으로 쓱 훔쳐낸 그 문양이 때로는 추사가 그린 난초 그림보다, 피카소가 그린 인물화보다 더 높은 예술성을 느끼게 하기도 한다.

피카소가 그린 인물화보다 높은 예술성

이렇듯 옹기장이가 유약을 손으로 훔쳐내어 그림을 그리는 것을 '환치기'라고 한다. 환치기에 사용되는 문양은 가지각색이다. 대나무 잎사귀 무늬, 용수철 무늬, 매듭 무늬, 나비 무늬, 곡식 무늬, 구름 무늬, 물결 무늬, 난 무늬, 풀 무늬, 꽃 무늬…

옹기장이는 신바람이 났을 때는 그때대로, 양반네한테 된설움을 받은 날은 또 그날대로 양손을 쓱쓱 움직여 자신의 마음을 불룩한 옹기 뱃살에다 새겨넣었으리라.

지방마다 음식 맛이 다르듯 옹기 또한 그 모양새가 달랐다. 서울은 서울대로, 충청도는 충청도대로, 전라도는 전라도대로 경상도는 경상도대로… 그 지방의 멋과 그 지방의 필요에 따라 옹기를 만들어냈다.

서울·경기 지방의 독들은 몸통이 홀쭉하게 쭉 빠지게 만들어 연꽃 봉오리 같은 꼭지를 단 뚜껑을 덮었고, 충청도의 독은 목이 높고 주둥이가 밖으로 약간 벌려져 있어 나름의 멋을 풍긴다. 경상도 독은 입 부분이 좁고 어깨가 사선 모양으로 각이 진 것이 많고, 전라도의 독은 배가 불룩하게 튀어 나와 마치 해산을 앞둔 임신부의 배처럼 그 모양이 탐스럽다.

우리네 선조들은 항아리 같은 별로 눈에 띄지 않는 작은 살

쌀독으로 이용되는 광 속의 옹기.
불룩한 배가 퍼내도 퍼내도
쌀이 줄어들지 않을 듯
탐스러워 보인다.

립살이에 이르기까지 지방의 특성을, 옹기장이의 개성을 실었다. 옹기라는 하나의 이름 속에서 이렇듯 다양한 모양새가 존재했던 것은 자연을 거스르지 않고, 이유 없이 다른 사람을 해치지 않는 소박한 심성을 지니고 있었기에 가능한 일이었다.

하지만 요즘에 만들어지는 옹기에서는 이런 지방색을 찾아보기 어렵다. 그만큼 문물의 교류가 많기에 어느 곳에서나 고만고만한 옹기를 만들어내고 있기 때문이다. 하지만 아쉬움은 여기에서 끝나지 않는다. 숨을 내쉬고 들이마실 줄 아는 잿물 유약을 입힌 재래식 옹기를 만드는 이가 손꼽을 만큼 줄어들고 있기 때문이다.

어쩌다 옹기를 사용하는 집에 가보아도 거무튀튀하면서 번쩍거리는 광명단 항아리만 눈에 띌 뿐 은은한 황갈색이 감도는 잿물 유약 옹기를 찾기가 힘들다. 광명단으로 만든 옹기는 숨구멍을 틀어막아 숨을 내쉬고 들이마시지 못하므로 살아 있는 옹기가 아닌데 말이다.

어쩌다 이런 사이비 옹기가 판을 치는 세상이 되었는지…. 또 그 사이비 옹기마저 버림받는 세상이 되어버렸는지 우리 모두 생각을 모아보아야 할 때가 된 것 같다.

옹기는 백자나 청자처럼 방안에 모셔두는 장식용 그릇은 아니다. 이런 까닭에 옹기는 생활용기로 김치 담고, 쌀 담고, 고추장을 그 속에 넣어둘 때 진가가 나오는 것이다.

옹기 자배기 소리에 어깨춤도 들썩

이런 옹기는 우리가 알고 있듯 김칫독, 장독으로만 일생을 끝마친 것은 아니다. 옹기는 때에 따라서 멋진 악기가 되기도 했다. 농부가 들녘에서 새참을 배불리 먹고, 걸쭉한 농주 한 사발 들이키고 나면 깔깔한 입도 개운해지고 그저 신명이 오르게 마련이다. 신명이 난 농부는 여인네가 머리에 이고 온 옹기 자배기에 물을 퍼담고 바가지를 엎어서 띄운다. 젓가락과 손 장단으로 자배기를 두드리고 바가지를 두드리면 '퉁, 토도동, 퉁~ 퉁' 맑은 소리를 내는 훌륭한 악기가 된 것이다. 옹기 자배기 소리에 장단을 맞춰 들노래도 한 곡조 뽑고, 산타령, 새타령 연이어 목청을 돋우면 옆자리에 앉은 사람도 절로 어깨춤을 들썩이며 즉석 무대가 펼쳐지기도 했다.

옹기는 이렇듯 우리 생활 곳곳에서 감초 노릇을 톡톡히 했다. 요새 사람들은 그 감초를 다른 곳에서 찾느라 '헛심'을 빼지만 말이다.

자, 그렇다면 생활용기로서 옹기의 다양한 쓰임새는 어떤 것일까. 옹기는 뒷간 분뇨통에서 사랑방의 필통에 이르기까지 제 자리를 차지하는 재주를 갖고 있었다.

옹기가 가장 위세를 떨친 곳은 뭐니뭐니해도 장독대다. 간장독, 된장독, 김칫독, 소금독, 저속, 떡시루, 소줏고리…안에 들어간 내용물이 어떤 것이냐에 따라 그 이름은 숱하게 다르게 불렸던 것이다. 부엌에서도 옹기는 당당한 위세를 떨쳤다. 물동이, 촛병, 양념단지, 뚝배기, 오지솥…안방에서는 질화로, 부손, 등잔, 콩나물 시루…사랑에서는 필통, 벼루, 연적, 장기알….

아직도 옹기를 소중히 다루는 가정이 많다. 서울 세곡동 운곡마을에서 간장을 담그는 조숙자 씨네도 그 중 하나다.

출세한 옹기, 부-궁중음악의 악기로 자리잡다

개중 출세한 옹기도 있었다. 다름아닌 궁중 음악의 악기로 쓰인 부(缶)가 바로 그것이다. 소래기(큰 항아리 뚜껑)처럼 만든 부는 대나무를 여러 조각 낸 사장(四杖)으로 둥근 입을 치는 리듬 악기다. 한글을 만든 세종은 소리의 높이가 제각각 다른 열 개의 부를 만들어 아악을 연주할 때 사용했다 하니 나랏님 사는 궁중에서도 옹기는 이렇듯 대접을 받은 셈이다.

이런 옹기를 요새 사람들은 홀대하고 있으니, 지하의 세종은 이런 사실을 안다면 얼마나 섭섭해 할까 걱정이 된다.

우리의 어머니들은 옹기를 구입할 때도 시기를 가렸다. 옹기를 어느 계절에 구웠느냐에 따라 값이 달라진 것이다.

오뉴월에 구운 독은 '쉰독'이라 하여 아주 다급한 때가 아니면 구입하지 않았다. 쉰독에 음식을 담아두면 음식이 쉽게 쉬고 썩기 쉬워서 사는 것을 꺼렸다. 그도 그럴 것이 오뉴월이면 한창 장마철이니 찰흙으로 빚어 만든 옹기가 잘 마르지 않기 쉬우며, 불을 때는 가마 역시 잘 마르지 않아 센 불로 땐다 해도 습기를 제대로 없앨 수 없기 때문이었다.

여인네들은 겨울에 구운 독을 이른 봄에 구입하는 것이 제일 좋다고 여겼다. 이런 독을 살 때도 덜렁 마음에 드는 모양만 살펴서 사는 것이 아니었다. 독을 살 때는 두들겨보고, 들어보고, 겉으로 드러난 때깔을 살폈다. 두들겼을 때 맑은 쇳소리가 나고, 들어보았을 때 가뿐하고, 때깔이 노리끼리하면서도 불그스름한 것을 최고로 쳤다.

이렇게 공들여 사온 독이라 해도, 일단 간장을 담가 맛이 잘 우러나와야 제 대접을 받을 수 있었다. 어머니들은 독에 장을 담가 그 맛이 별나게 좋으면 그 독을 특히 귀하게 간수했다. 뼈대 있는 가문에서 장독이 시어머니에게서 며느리에게로, 또 그 며느리, 며느리에게로 대물림한 까닭은 그 독에 숨어 있는 귀한 맛 때문이었다.

독의 대물림에 숨은 뜻

한번 장을 담가 장맛이 나빴던 독은 물항아리가 되거나 소금독으로 지위가 전락하기 십상이었다. 재목될 나무는 떡잎부터 알아본다고 애초에 잘못 만들어진 독이 세월이 흐른다고 그 맛이 좋아지지 않는다는 것을 경험으로 알고 있었기에….

우리나라 사람이 즐겨 먹는 음식 중에는 유난히 발효식품이 많다. 간장, 된장, 젓갈, 김치, 장아찌….

우리를 살찌우고, 입맛 없을 때 미각을 돋워주는 음식들은 거의 모두 옹기 항아리 속에 감추어져 있었다. 마치 보물을 꼭꼭 숨겨놓듯 말이다. 우리네 조상들이 요즘 우리가 즐겨 쓰는 플라스틱 같은 밀폐용기를 썼더라면 이 땅에 잘 발효된 음식문화가 번성할 수 있었을까.

다양한 발효음식이 우리 식생활에 등장할 수 있었던 것은 어떤 이유를 대더라도 옹기의 덕이 컸다. 숨을 내쉬고 빨아들일 줄 아는 옹기가 없었더라면 인체에 유익한 미생물들이 우리네 음식 속에서 살아 숨쉴 수 없었을 것이다.

이런 까닭에 우리는 옹기의 소중함을 절실하게 느껴야 한다. 이렇게 옹기가 사라져간다면 간장, 된장, 맛깔스런 젓갈들 대신

우리네 어머니들은 옹기를 구입할 때마저도 시기를 가렸다. 겨울에 구운 독을 이른 봄에 구입하는 것을 제일로 쳤다.

크고작은 항아리와 소래기, 절구가 빚어낸 앞마당 풍경이 한가롭다.

요상한 음식만이 우리네 식탁을 점령하게 되지 않을까 걱정이 된다.

손길 기다리는 옹기

집안이 좀 좁으면 어떤가. 자칫 실수해 항아리 한두 개쯤 깨어지면 어떤가. 뚜껑이 무거워서 들 때마다 힘을 좀더 쓰면 어떤가. 우리네 조상들은 여자 아이들에게 조신한 몸동작을 가르치기 위해 일부러 물동이를 머리에 이고 걷도록 했다고 하지 않은가.

함부로 다루면 깨질 수 있다는 평범한 진리를 깨우치는 일은 비록 그 과정에서 항아리 몇 개가 깨지고, 뚝배기 몇 개가 금이 나가는 경제적인 손실이 있더라도 그에 비해 얻어지는 것이 그보다 훨씬 더 많은 때문이 아닐까. 삶의 지혜는 거저 얻어지는 것이 아니기 때문이다.

우리네 살림살이에서 옹기가 더 다양하게 늘어났으면 좋겠다. 그래서 코홀리개 아이들에 이르기까지 듣기만 해도 정겨운 다양한 옹기의 이름을 줄줄 외울 수 있는 그런 세월이 되었으면 좋겠다.

    대독, 자배기, 방구리, 귀대접, 학독, 방퉁이, 옹배기, 소래기, 알항아리, 앵병… 쓰임새에 따라 제각각의 이름을 달고 있는 옹기들이 우리의 손길이 닿기만을 간절히 바라고 있다.

반닫이, 삶을 담고 한을 풀던 살림살이

모름지기 사람이나 물건이나 실속이 있어야 한다. 모양새 번지르르하고 허우대 멀쩡하다고 모두 쓸모있는 것은 아니다. 옛 어른들은 사윗감이나 며느리감을 고를 때 그 사람의 성격, 자라온 환경 등의 인물 됨됨이를 먼저 가렸다. 얼굴이 잘생겼느냐, 키가 크냐, 돈은 얼마나 잘 버느냐는 나중 문제였다. 말하자면 그 사람의 실속을 먼저 가렸던 것이다.

하지만 요즘 세상에는 실속보다 겉모양에 더 먼저 신경을 쓰느라 일을 그르치는 경우가 많은 것 같다. 결혼 상대를 선택할 때도 '학교는 어디?', '그 집에 돈이 많아'를 먼저 묻는 것이 요즘 인심이다.

물건을 고를 때도 마찬가지다. 어찌된 생각인지 크고, 보기 좋은 것을 최고로 친다. 단칸 셋방에서 새 살림을 시작할 새댁도 혼수를 장만할 때는 덩치 큰 장롱, 화면이 커다란 텔레비전부터 먼저 챙긴다. 그래 놓고는 집이 좁아 못 살겠다 투정을 부린다. 편리하게 이용해야 할 세간살이에 눌려, 오히려 답답하게 불편하게 사는 어리석음을 자초하는 것이다.

예전처럼 한 집에서 대를 이어 살아가는 시대가 아닌 요즘은 직장 따라 이곳 저곳 이사할 일도 많다. 이런 덩치 큰 살림은 그럴 때도 골칫거리다. 큰 돈 들어간 값나간 물건이라서 흠집이 날까 걱정부터 앞서고, 크고 무거우니 내 식구의 힘만으로는 부쳐서 인부를 부르거나 친지를 동원해야 하니 비용도 그만큼 더 깨지고….

실속 많은 우리네 목가구

우리가 언제부터 이렇게 껍질에만 신경을 쓰며 살았을까. 무슨 이유로 겉껍질에, 남 보여주는 것에 촉각을 곤두세웠을까.

급격한 산업화와 그로 인한 해체된 정신문화, 어른이 없어진 사회…이 모든 것들이 함께 뒤범벅이 되어 오늘의 우리를 실속을 따질 줄 모르는 사람으로 만들어버린 것은 아닐까.

실속이 많은 물건을 고른다면 우리 조상들이 만들어 쓰던 전통가구를 빼놓을 수 없다. 반닫이, 농, 장, 함 등은 우리네 전통가구의 으뜸 살림들이다. 이들 가구는 좁은 주거 공간에서 자리를 적게 차지하면서도 필요한 가재도구들을 효과적으로 넣어

단순한 모습을 갖고 있는 목가구에는 소박함을 즐기던 조상들의 삶의 철학이 배어 있다.

둘 수 있는 수납 기능이 훌륭한 것들이었다.

요즘 날개 돋힌 듯 인기를 누리는 박스 가구라는 인테리어 용품도 그 근본을 따져 보면, 우리 선조들이 수백년 전부터 사용해 오던 고리짝이나 함을 변형시킨 것과 다를 바 없다. 버드나무 가지를 얽어 만든 고리짝이나 오동나무를 켜서 만든 함은 가벼우면서도 튼튼해 층층으로 올려쌓으면 겉모양도 단정할 뿐만 아니라 자리도 넓게 차지하지 않아 훌륭한 가구 대용품이 되었던 것이다. 하지만 요즘은 어떤가. 대부분의 집들이 열 자가 넘는 장롱에 침대, 화장대, 장식장 등의 모양새 좋고 부피가 큰 가구들을 들여놓고 산다. 개중에는 사람이 집주인이 아니라 살림살이가 집주인 행세를 하는 기분이 들 정도로 가구에 짓눌려 있는 집들도 의외로 많다.

집이란 모름지기 사람이 들어가 편히 쉬고, 자유롭게 움직일 수 있어야 한다. 그래야 다음날 새로운 힘과 새로운 각오로 더 활기차고 더 왕성하게 일을 할 수 있는 것이다.

우리네의 일반적인 주거 공간은 유럽이

나 미국의 그것처럼 천정이 높고, 거실·식당·침실 등이 제각기 널따란 공간을 차지하고 있지는 못하다. 주거 공간의 대부분이 사각형 시멘트 공간 속에 꾸며진 아파트거나 화초 몇 그루도 키우기 비좁은 한 뼘 마당이 있는 단독주택이다. 이런 현실에서, 부피가 큰 서양식 가구는 그곳에 들어가 사는 사람을 답답하게 하고 주눅들게 만들기 십상이다.

간결한 목가구는 요즘의 생활공간 속에서 더 빛을 낸다. 어느 장소에서든 은은한 멋을 피워낸다.

먹는 음식도 내 땅에서 난 것이 입맛에 맞듯, 살아가는 데 필요한 세간살이도 우리네 생활양식에 맞는 것이 자연스럽고 더 편리하다는 것을 굳이 설명할 필요가 있을까.

변미 밤들기 아래서 이름다지로 장작대의 변기이

요즘 감각이 있다고 하는 주부들에게서는 서양식 장식대(콘솔)가 인기를 끈다고 한다. 물론 그 사람 나름대로의 취향이니 괜히 나서서 감놔라, 대추놔라 토를 달고 나설 문제가 아니라는 것을 잘 안다.

그러나 이들이 장식대를 좋아하는 것은 우리 조상들이 머리맡에 두고 긴요하게 쓰던 반닫이라는 가구를 알고 있지 못하기 때문 아닐까. 만약 반닫이라는 가구의 효용성을 알고 있었더라면 이렇게까지 서양식 가구에 관심을 두지 않았을지 모를 일 아닌가.

앞쪽 면이 절반만 열린다 하여 반닫이라 불리는 이 가구는 이름부터 정감이 넘쳐난다. 마치 딸을 또 낳았다 하여 또순이, 막내아이라고 막동이라고 이름을 붙이던 조상들의 기지와 해학이 넘쳐나는 듯하다.

반닫이는 지체 높은 대가집에서부터 미천한 상민에 이르기까지 두루 사용하던 가구다. 대가집에서는 대청마루 한켠에 놓아 허드레 물건을 넣어두는 가구로, 번듯한 장이니 농이니를 갖추고 살지 못하던 여염집 안방에서는 대가집 마나님이 매일 쓸고 닦는 화류목 삼층장보다 더 소중하게 대접받던 가구였다.

규격화된 공간에서 자연미를 살려내는 온기있는 살림

현대식 살림에 익숙한 우리가 이 가구에 주목할 까닭은 많다. 나즈막한 높이에 직사각형의 넉넉한 품새를 갖고 있는 반닫이. 이 살림은 좁은 공간에서 요모조모 쓸모가 많은 가구다.

바꿔 말하면 암팡지게 실속 많은 살림살이다. 윗면 상판은 장식대로, 그 속에는 여러가지 물건을 수납하는 실용 가구로, 나무의 무늬결(목리)과 앞면의 주물 장석은 은은한 멋을 풍기는 장식용 가구로 일석삼조 이상의 효과를 내준다.

실제로 반닫이를 장식대로 활용한 집에 가보면, 그보다 더 값나가고 화려한 서양식 가구보다 한결 무게가 있고 값져 보인다. 별 두드러진 장식이 없는 나무색 짙은 반닫이 하나가 은은하게 그 집안의 분위기를 살려주는 것이다.

반닫이 위쪽에 작은 그림 하나, 틈틈이 모아온 작은 소품 몇 개가 올려져 있다면 그야말로 금상첨화가 따로 없다. 이들이 함께 어우러내는 분위기란 무궁화 다섯 개가 표시되어 있는 특급호텔 객실의 그것보다 더 안락하고 멋져 보인다고 해도 결코 지나침이 없다.

왜일까. 커보아야 사람의 허리 높이밖에 안 되는 작은 고가구 하나가 어디에서 이런 향기를 뿜어내는 것일까. 어디에서 분위기를 압도하는 강렬한 힘을 발산해낼까.

이것은 우리의 고가구가 바로 우리의 정서와 생활철학, 미의식을 나뭇결 하나마다 단순한 무쇠 장석 문양 하나마다 살포시 머금고 있기 때문이리라.

골동품을 좋아하는 사람들은 절제된 미의식을 갖고 있는 우리의 고가구에 대해 다음과 같은 평가를 내리는 데 주저함이 없다.

가구에 쓰인 나무는 괴목을 으뜸으로 쳤다. 단단할 뿐더러 무늬가 아름답기 그지없기 때문이다.

볼수록 새로워지는 야릇한 고가구의 힘

"이조 고가구는 '앤틱'하면서도 가장 '모던'한 것이 두고두고 보아도 절대 눈을 질리게 하지 않지요. 볼수록 새로워지는 야릇한 힘을 갖고 있거든요."

수많은 고가구 중에서도 요즘 우리네 생활양식 속에 끌어들여 더욱 빛이 나는 것은 단연 반닫이가 으뜸이다.

반닫이는 이름 그대로 반만 여닫는 가구로 책, 두루마리, 옷, 옷감, 제기 등을 보관하는 데 사용했다. 이렇듯 다양한 쓰임새가 있었기에 반닫이는 사랑방, 안방, 대청마루 등 집안 곳곳을 필요에 따라 옮겨다녔다. 그만큼 조상들의 숨결이 고루 배어있다는 이야기다.

어느 가정에서나 다양한 용도로 쓰였던 살림살이였기에 반닫이는 지방에 따라, 쓰임새에 따라 그 겉모양이나 사용된 나무의 재질이 달랐다. 강원도 것은 강원도 것대로, 충청도 것은 또 그 맛대로, 경상도 것은 그쪽에서 많이 나는 나무로….

그 중 전국 팔도에 이름을 짜아 날리던 것은 평안도 박천에서 만들어냈던 반닫이다. 박천 반닫이는 장석이 많고 그 생김이 섬세해, 한번 구경을 하고 나면 박천 지방 소목장의 유연한 손놀림에 절로 감탄을 하게 된다.

반닫이는 참나무, 느티나무(괴목), 소나무 등의 두터운 판재로 만들었다. 그 중 가장 값나가는 것은 요즘도 마을의 수호신으로 톡톡히 대접받는 괴목으로 만든 것이다.

괴목을 으뜸으로 쳤던 것은 판재가 견고하기도 하려니와 그 무늬결(목리)이 아름답기 그지없기 때문이었다. 괴목은 어떤 방식으로 판재를 켜느냐에 따라, 괴목의 부위에 따라 어떤 것은

반닫이나 장에는 가구의 생김과 어울리는 장석을 붙여 우아함을 살리기도 했다.

물결이 소용돌이 치는 듯하기도 하고, 어떤 것은 산과 계곡의 모양이 뚜렷하게 새겨져 나와 한 폭의 산수화를 마음먹고 그려 넣은 듯한 인상을 준다. 또 뿌리 부분을 이용한 괴목은 용목이라 하여 작은 원형 무늬가 끊임없이 나가 마치 추상화의 대가가 붓을 놀려놓은 듯 신비한 느낌을 주기도 한다.

이런 까닭에 요즘도 솜씨 좋은 소목장은 좋은 용목, 튼실한 괴목을 구하기 위해 천리 길을 한달음에 달려갈 정도로 신경을 쓴다.

반닫이에 붙은 장석은 일종의 민간 신앙물

하지만 반닫이에 장석이 없다면 시쳇말로 찐빵에 뭐 빠진 꼴이 되기 십상이다. 판재와 잘 어울리는 장석이 제자리에 붙어 있어야 반닫이의 제멋이 풍겨져 나온다는 이야기다. 무쇠 장석, 백동 장석, 유기 장석 등이 반닫이의 형태에 따라 판재의 재질

장석은 반닫이를 사용하는 이가 그 문양에 담긴 상서로운 기운을 받아 복 많이 받고 행복하게 살라는 염원을 담은 일종의 민간 신앙물이었다.

에 따라 반닫이 앞면에 붙어 있으면 가구의 품격이 달라진다.

이들 장석에는 완자문, 칠보문, 실패형, 연꽃문, 제비초리형 등 그 문양의 종류가 이루 헤아릴 수 없을 만큼 다양하다.

장석은 단순히 반닫이의 모양을 살리기 위해서 붙였던 것은 아니다. 판재의 무늬, 반닫이의 형태와 조화를 이루게 하는 것은 물론이고 반닫이를 사용하는 이가 그 문양에 담긴 상서로운 기운을 받아 복 많이 받고 행복하게 살라는 염원을 담은 일종의 민간 신앙물이었다.

그 대표적인 문양이 완자 장석이다. 이것은 상서로운 기운이 집안에 늘 깃들어 있으라는 뜻으로 아로새겨 넣은 것이다. 물고기 문양의 의미는 또 어떤가. 물고기는 다산을 상징하는 동물이니 아들, 딸 많이 낳아 가문이 번창하라는 뜻으로 붙여둔 장석이다. 박쥐 문양 역시 허투루 붙여놓은 것은 아니다. 박쥐는 오복을 상징하는 금수로 반닫이에 박쥐를 붙여 장수, 복록, 집안 수호를 기원했던 것이다.

연귀짜임이나 촉짜임이 가장 두루 쓰여

이뿐인가. 반닫이 등의 우리 고가구를 유심히 살펴보면 특이한 것이 또 있다. 판재를 서로 맞물려 이었으면서도 꼭 필요한 곳 말고는 못이나 아교를 쓰지 않은 것이다.

판재를 서로 맞물린 방법에는 연귀짜임이나 촉짜임이 가장 두루 쓰였다. 연귀짜임은 각 판재를 서로 엇갈려 요철 형태로 홈을 파서 짜맞춘 것이요, 촉짜임은 한쪽 판재에는 구멍을 파고 다른 한쪽 판재에는 그 크기에 맞추어 볼록 튀어 나오게 파서 서로 맞물리는 방법이다. 이런 방법으로 만든 가구니 제아무리 시간이 흘러도 방안에 습도가 달라져도 쉽게 뒤틀리지 않고 몇 대를 대물림할 수 있었던 것이다. 못질을 한 것보다, 끈끈한 아교를 붙인 것보다 더 견고하고 더 오랜 시간 견딜 수 있었던 것이다.

이렇게 우리 전통가구에는 우리네 고유한 정서와 삶의 지혜, 미의식 등이 고루 배어 있다. 판재의 이음 방법이나 앞면을 장식하는 화려한 장석, 문짝을 붙인 경첩 하나에도 결코 소홀함이 없었던 것이다.

그러나 요즘의 현실을 보면 우리가 전통가구에 관심을 쏟는 것에 비해 이 땅에 잠시 머물고 있는 외국인들이 우리 것에 더 관심을 쏟는 것 같다.

어쩌다 외국인이 사는 집에 찾아가 보면 이들의 집안에 낯익은 우리 가구(반닫이, 장, 함)가 멋스럽게 놓여져 있는 모습을 볼 때가 많다. 반닫이 위에 자기 모국의 멋스런 토속품이나 자신이 오래도록 수집해온 수집품들을 반듯하게 올려놓은 모습을 바라보고 있노라면 어쩐지 얼굴이 화끈 달아오르는 마음을 감출 길 없다.

이것은 조상의 지혜와 숨결이 배어 있는 문화유산 하나 제대로 지키지 못해 외국인의 손에 넘겨준 그런 졸렬한 부끄러움 때문만은 아니다. 우리의 주거문화와 생활양식이 서구식으로 바뀌면서 '구식이라고', '누가 쓰다 내놓은 물건인지도 몰라 귀신 나올 것 같다'라며 뒤켠으로 밀쳐놓은 그것들을 정작 서구식 생활에 젖어 있는 외국인들의 손에 의해 새 감각으로 되살아난 것이 부끄러운 것이다.

우리 고가구에 새 생명을

조금만 더 여유를 갖고, 조금만 더 실속을 따져 생각을 해보았더라면 아직도 여느 집이나 한두 개쯤 자리를 차지하고 있을 반닫이며, 장, 함 등을 '귀신 나오게 생겼다'며 도끼로 내리찍어 땔감으로 써버리는 우를 범하지는 않았으리.

이젠 우리 곁에 얼마 남지 않은 옛 물건이 되어버린 고가구를 우리가 아껴야 한다. 서양식 비싼 장식대보다 더 쓸모 있고, 더 운치 있는 반닫이를 집안으로 끌어들여야 한다. 그것들에게 새롭게 생명을 불어넣어 주어야 한다.

물론 이런 이야기에 거부감을 갖는 사람도 많을 것이다. '골동품 고가구 하나가 값이 얼마인데?'라면서 말이다. 하지만 이것은 하나만 알고 둘은 모르는 소리다. 골동품 상가가 몰려 있는 서울의 장안평에를 가보면 장식대로 쓸 만한 반닫이 등의 옛 가구가 시중에서 팔리는 서양식 장식대보다 값이 헐한 것이 부지기수로 많다. 개중에 명품은 물론 장식대보다 훨씬 비싸기도 하지만….

서양식 장식대를 현관에, 거실에 들여놓을 생각이 있는 사람이라면 기능이 다양하고 멋스럽기까지 한 우리의 옛 가구에 관심을 두어볼 일이다. 우리의 근본을 잊지 않는 작은 몸짓은 의외로 쉽게 이루어낼 수 있는 일이기 때문이다.

대나무와 소쿠리…
그 쓰임새 많던 변용의 미학

남도 땅 전라도 담양에는 2일, 7일 닷새 간격으로 장이 선다. 촌에서 닷새마다 장이 서는 일이야 그리 별다른 일이 아니지만 이곳의 장날은 다른 곳과는 그 분위기가 사뭇 다르다.

2일, 7일 새벽 동이 트기 전부터 담양 고을 이 집, 저 집마다 부산한 움직임이 시작된다. 며칠 동안 손바닥이 다 닳도록 공들여 결어 만든 소쿠리, 상자, 자리, 베개, 쟁반 등속의 대나무 살림살이가 수런수런 대나무 부딪는 소리를 내며 움직이기 시작하는 것이다.

담양 땅 여염집 뒤꼍에서 한줄기 바람에는 '사그락사르락',

모진 광풍에는 '쉬~익, 쉭' 사철 다른 화음을 들려주던 껑충 키 큰 대나무가 다른 생명으로 옷을 바꿔입고 먼 길 떠날 채비를 서두른다.

힘을 잃어 아쉬운 담양 죽물시장

서해 바다를 향해 내달리던 노령산맥 한줄기가 언뜻 비껴앉아 높은 봉우리를 이룬 담양 추월산. 그 산 골골마다 흘러내린 물이 한데 모여 남도 들판의 목을 축여주는 영산강이 시작되는 담양 읍내 관방천 둑 아래로 이들 살림살이들은 집합을 한다.

이곳이 이 땅에 하나밖에 없는 죽세 공예품 장이 서는 담양의 명물 죽물시장이다. 닷새마다 한 번씩 서는 이 장이 대나무를 잘게 쪼개어 갖가지 살림살이를 만들어내던 담양 사람들의 주머니를 불룩하게 해주었음은 두말 할 필요도 없다. 호시절 한때는 장날 관방천 둑을 어슬렁거리던 멍멍이마저도 주둥이에 돈을 물고 다녔을지 모를 일.

하지만 이 장 역시, 다른 시골 장들이 그런 것처럼 시끌벅적한 흥청거림이 사라진 지 오래다. 장터 어귀 국밥집마다 내건 솥단지에서 끓어오르던 국물도, 장바닥을 바쁠 것 없이 기웃거리던 할아버지의 중절모자도, 과자 부스러기 입에 물고 뛰어다니는 조무래기들도 예전처럼 신바람이 나지 않기는 마찬가지다. 장터의 좋았던 옛 시절은 추억 속의 활동사진이나, 앨범 속에서 잠자고 있는 귀퉁이 닳아빠진 흑백사진처럼 영화로운 편린들을 남긴 채 그 위세를 잃어가고 있는 것이다.

촌 닷새장이 그 힘을 잃어가는 것은 우리 경제 여건이, 사회 환경이 옛날과는 비교할 수도 없을 만큼 달라졌기 때문이다.

대나무와 소쿠리

대나무로 만든 그릇은 시간이 흐를수록 쓰는 이의 손때가 묻어 은은한 멋을 풍겨낸다. 채상장 서한규 씨가 대나무를 한 올 한 올 결어 만든 삼합 석작이 아름답다.

옛날에야 닷새마다 서는 장터에 나가지 않으면 생선 꼬리 하나도, '동동구리무' 하나도 구할 수 없었지만 지금은 매일 문을 열어놓고 갖가지 상품을 파는 가게나, 상설시장이 곳곳마다 널려 있지 않은가.

살기 좋아진 세상이다. 하지만 이렇게 좋아진 그 이면에는 우리가 잃어버려야 하는, 잃어버리고 만 아쉬운 것들이 또 얼마나 많은가.

우리네 선조들에게 장날은 단순히 물건을 사고파는 날만은 아니었다. 교통·통신이 발달되지 않던 그 시절, 장보러 나온다는 핑계로 매일 반복되는 지겨운 일상생활에서 벗어나 콧구멍에 외지 바람을 쐴 탈출구가 되었으며, 엎어지면 코 닿을 거리에 살아도 변변히 얼굴 한번 볼 수 없었던 반가운 얼굴들과 재회의 기쁨을 누리는 날이기도 했다.

요즘 말로 바꾸면 장터는 우리 선조들의 사교와 레저, 오락이 이루어지던 그런 공간이었던 것이다. 멍멍이도 주둥이에 돈을 물고 다닐 만큼 호시절을 누리던 죽물시장이 예전처럼 흥청거리지 않는 것은 이것 말고도 또 다른 이유가 있다.

기름에서 뽑아낸 플라스틱이나 비닐로 만든 그릇들이 이 땅에 쏟아져 나오기 전까지만 해도 담양 죽물시장은 시절이 좋았다.

 여느 집 할 것 없이 바구니, 채반, 쟁반 등이 대그릇에서 플라스틱 그릇들로 자리바꿈을 하면서 이곳은 왕년의 영화를 잃어만 갔다.

 "색깔도 이쁘고, 모양도 좋고, 게다가 가볍기까지 하고…."

 우리네 대나무 그릇들은 차츰 부엌에서 창고로, 창고에서 케케 먼지가 쌓여가다 결국은 쓰레기통 속으로 처박히고 만 것이다.

 하지만 과연 그런가. 대나무 그릇이 그렇게 멋대가리 없고, 무겁고, 색깔도 촌스럽기만 한 것인가. 대답은 한마디로 '아니올시다'이다.

볼수록 정이 새록 넘쳐나는 대나무 그릇

 공장에서 틀로 '꽉' 찍어 만들어 가볍고 색이 예쁘다는 플라스틱 그릇들도 시간이 지나면 지날수록 결결에 때가 끼고, 억지로 입힌 색이 바래간다. 그 모양새는 보기 싫고 촌스러운 정도를 넘어 역겨움이 들 정도다. 분 바른 기생년이 젊어 한때 잘 나갈 때는 온갖 풍류객이 문 앞에 진을 치다가도, 퇴기가 되면 쇠파리 한 마리 얼씬거리지 않는 이치나 다를 바 없다.

 그러나 손으로 한 올 한 올 결어 만든 대나무 그릇들은 시간이 흐를수록 쓰는 이의 손때가 묻고 또 묻어 은은한 아름다움을 준다. 또 물에 씻어 말려놓으면 언제든 새것처럼 말끔해진다. 화장 안 한 마누라의 얼굴처럼 뜯어보면 볼수록 정이 새록새록 넘쳐나는 것이다.

 이유야 어찌됐건 우리 생활 속에서 대나무로 만든 값어치 있

대나무는 그 강직함을 높이 사서 예로부터 사군자의 하나로 꼽혔다. 대는 죽순부터 이파리, 줄기에 이르기까지 버릴 것이 없다.

는 살림살이들이 사라져가는 것은 아쉽기 짝이 없는 일이다. 이제 대나무 그릇들이 다시 또 예전의 영화를 찾기 위해서는 어째서 이것이 값지고 귀한 것인지 알아둘 필요가 있지 않을까.

절대 휘어지는 법이 없는 강직한 기상

대나무는 옛부터 지조, 절개의 상징으로 인식되던 식물이었다. 문자깨나 쓴다는 양반네, 문인, 학자, 화가들이 즐겨 그린 그림인 사군자 중에서도 대나무는 꼿꼿한 기품 때문에 빠질 수 없는 화제로 등장했다.

또 부러졌으면 부러졌지, 절대 휘어지는 법이 없는 강직한 기상을 갖고 있었기에 조상들은 대나무를 귀하게 여겨 마당 한켠에 심어두고, 그 이파리와 줄기를 감상하며 높은 기상을 세우기를 게을리하지 않았던 것이다.

대나무가 마냥 정신적인 상징물로만 머물렀던 것은 아니다. 양반네 사랑방에 자리를 틀고 앉은 세간살이 중에도 대나무로 만든 것들이 상당히 많았다.

일자상서 편지를 띄우거나 한가로움을 달래는 문인화를 그리기 위해 종이를 담아두던 지통(紙筒)도 대나무로 만든 것들이 많았다. 쫙 펼치는 멋이 일품인 합죽선 역시 대나무를 잘게 쪼개어 만들었으며, 벼루를 담아두던 연상도 대나무를 붙인 것들이 많았다. 이밖에 서류를 꽂아두던 고비, 이층 탁자, 땅문서 등을 보관하던 서류함 등도 대나무를 이용해 만들었다.

또 세상의 온갖 명리를 벗어던지고, 산천을 두루 돌아다닐 때 쓰던 '방랑 김삿갓'의 삿갓 역시 대나무를 잘게 떠서 한 올 한 올 결어 나간 것이었다.

여염에서도 대나무는 튼튼하고 가벼워 즐겨 이용되었다. 잘게 쪼갠 대나무를 배가 불룩하게 결어 주둥이를 둥글게 만든 소쿠리나 직사각형, 정사각형으로 상자를 만들어 뚜껑까지 얌전하게 씌운 '석작', 바구니, 머리에 집을 지은 이를 잡을 때 쓰는 참빗, 햇빛을 가릴 때 쓰던 발 등에 이르기까지 그 쓰임새는 많고도 많았다.

그 중에서 대나무를 길이로 잘게 쪼갠 다음 껍질을 벗기듯 한 겹 한 겹 결을 떠서 만든 채상은 지금도 그 예술성을 높게 평가받고 있는 살림살이다.

이밖에도 대나무는 그 활용 가치가 많았다. 허리 굽은 노인네의 지팡이가 되어주기도 했고, 천정 밑의 벽에 올라가 시렁이 되어주기도 했다. 또 횃대라 하여 요즘으로 치면 옷을 거는 옷걸이가 되어 한쪽 벽에 자리를 차지하기도 했다.

대나무 이파리도 그 쓰임새가 있었다. 엄동설한 장독이 깨져 나갈 것처럼 추운 날, 양식을 아끼기 위해 찐 고구마로 한 끼를 때울 때 곁들여 먹던 동치미 한 보시기를 만들기 위해서도 댓잎은 필요했다. 시원한 맛이 들라는 뜻에서 푸른 댓잎을 항아리 속에 넣는 일을 빠뜨리지 않았다.

음식에 제법 법도를 지키는 사대부에서는 댓잎을 넣어 만든 죽엽주를 귀한 손님이 올 때만 내놓기도 했다. 또 고뿔이 왔을 때는 댓잎에 파뿌리, 감꼭지 등을 넣고 달여 그 물을 마시기도 했을 정도다.

또 대나무 줄기가 되어지는 죽순도 귀한 먹거리였다. 껍질을 벗겨 뜨거운 물에 슬쩍 데쳐 초고추장에 찍어먹는 죽순 맛은 오래도록 입 속에 남는 독특한 맛이었다.

이렇듯 대나무는 그 순에서부터 이파리에 이르기까지 우리에게 많은 쓰임새를 안겨주던 식물이었던 것이다.

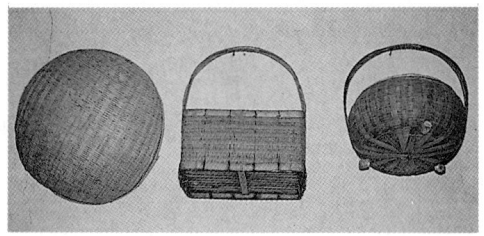

대나무로 그릇을 겯기 위해서는 너무 무르지도 않고, 지나치게 단단하지도 않은 두 살배기쯤 되는 것을 골라야 한다.

고된 만큼 생명력이 길어지는 손작업

대나무를 이용해 그릇을 만드는 일은 처음부터 끝까지 손을 놀려 해야 한다. 언젠가 주민등록증을 일제히 갱신했을 때 한 대나무 장인은 지문이 나오질 않아 며칠 동안 일손을 쉰 다음 지문을 채취했을 정도였으니 손이 많이 가는 일 중에 이보다 더한 일이 또 있을까 싶다.

대나무로 그릇을 만들기 위해서는 좋은 대를 고르는 것이 순서다. 자란 지 2년쯤 되는 대가 그릇을 만드는 데 가장 좋다. 이때는 대가 너무 무르지도 않고, 지나치게 단단하지도 않아 작업하기 알맞다. 그 대를 잘 말려 적당한 길이로 자른 다음, 길이로 잘게 쪼개어 한 올 한 올 눈대중으로 결어 나간다. 길게 결면 큰 그릇이, 작게 결면 작은 그릇이 장인의 손이 바쁘게 놀려질 때마다 새로운 생명을 부여받는 것이다.

  이 작업이 생각처럼 쉬운 것은 아니다. 일이 서툴면 대나무 비지가 손바닥에 끼어 피 보는 일은 예사고, 며칠 동안 고생을 해야 한다.

  이렇게 숙련이 되어야 제대로 된 장인 대접을 받지만, 장인이라고 해도 손이 느리기는 매한가지. 그 역시 손으로 이 작업을 해야 하는 것은 마찬가지인지라 손에 익지 않은 사람에 비해 손놀림이 빠를 뿐이지 사람 몸집만한 틀로 '콱콱' 찍어내듯 숨가쁘게 물건을 만들어낼 수는 없는 것이다.

  이런 공력이 들어간 물건이니 자연 생명력이 길 수밖에 없다. 함부로 내던져도 깨지지 않고, 물을 댔다고 해서 모양이 쉬 틀어지지는 않는다. 시간이 흐르면 흐를수록 정이 가고, 쓰는 이의 숨결이 담겨 반지르르 기름기가 돈다.

  이렇듯 땀방울 흘려가며 만들어낸 물건들이 제 대접을 받지 못하고 있다는 것은 아쉽고 서글픈 일이다. 사람의 온기가 닿아서 만들어진 물건이 어찌 기계에서 '콱콱' 찍어 만든 물건과 그 값짐을 비교할 수 있을까.

  촌스럽다고, 쓰기 사납다고, 우리의 눈길에서 멀어진 대나무 그릇들도 조금만 눈을 크게 뜨면 요즘의 생활에 맞추어 얼마든

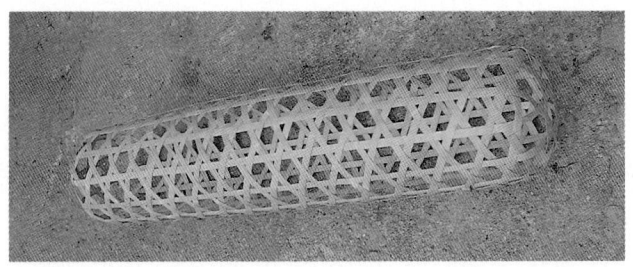

대나무 용기 가운데 죽부인은 여름날 사랑을 받던 귀물이다. 끌어안고 자면 시원한 바람이 솔솔 불어온다.

지 새롭게 변화시킬 수 있다.

요즘에는 종이나 플라스틱으로 만든 상자를 옷이나 물건을 담는 수납 상자로 이용하는 사람이 많다고 한다. 하지만 바꾸어서 생각해보면, 대나무를 잘게 쪼개서 결어놓은 상자가 수납 가구로 쓰이지 못할 법도 없다. 오히려 작은 숨구멍이 곳곳에 나 있어 옷에 좀이 슬 염려도 없으니 이보다 더 좋은 수납 가구가 어디에 있겠는가. 작은 구멍이 거슬린다면 속에다 한지를 한 번 바른 다음 사용하면 먼지가 들어갈 염려도 없고, 옷에 대나무 가시가 박힐 염려도 없으니 더욱 좋다.

조상의 지혜가 엿보이는 '죽부인'

크고작은 대나무 소쿠리도 그 쓰임새는 많다. 아이들 간식을 줄 때, 손님상에 과일을 깎아낼 때, 튀김을 내놓을 때 이들 소쿠리는 음식의 맛을 살려줄 뿐만 아니라 멋스러운 분위기도 저절로 내어준다.

대나무를 성글게 쪼개서 엮어 만든 죽부인도 현대 과학 문명에 젖어 사는 우리들이 눈여겨볼 물건이다.

무더위가 푹푹 쪄 곤한 단잠을 이룰 수 없는 여름날 밤, 죽부인을 끌어안고 시원한 잠을 청하던 조상들의 지혜로움에는 절로 탄성이 나온다.

제아무리 에어컨 시설이 잘 되었다 한들 죽부인의 성근 구멍 속에서 일어나는 고요한 바람보다 더 시원하고 상쾌할까. 올 여름에는 선풍기 대신, 에어컨 대신 죽부인을 끌어안고 단잠을 청해보는 것은 어떨까. 생각만으로도 운치가 있고, 생각만으로도 등줄기에 시원한 바람 한줄기 훑고 지나가는 것 같다.

마음이 담긴 선물을 할 때도 대나무 그릇들은 그 가치를 더 한다. 작은 대나무 상자에 선물을 담아 깨끗한 보자기에 싸서 보낸다면, 그 선물을 받는 이가 상대방의 마음에 절로 감동을 받으리라. 또 이렇게 선물을 한다면 요즘 날로 걱정이 늘어가는 환경 공해를 막는 길이 되지 않을까. 구식이다, 사용하기 불편하다는 생각에 앞서 어떻게 하면 좀더 새롭게 되살려낼 수 있을까 연구해보자. 이것이 바로 조상들의 얼을 지켜가는, 소중한 문화유산을 살려내는 값진 일 아닐까.

대나무로도 몇 년 전 장안의 많은 여성들이 너도나도 앞다퉈 들고 다니던 외국산 등나무 핸드백보다 더 멋지고, 더 질 좋은 핸드백을 만들지 못하리라는 법은 없다. 많은 사람들이 애정을 갖고 사용하고, 새로운 이용법을 개발해낼 때 지조와 절개를 상징하는 우리의 대나무가 더 다양한 몸짓으로 우리에게 다가올 수 있을 것이다.

불그릇, 어둠을 물리친 광명의 세상

빛이 기운을 밖으로 뻗치는 양의 세계라면, 어둠은 안으로 안으로만 기운을 움츠리는 음의 세계다. 불은 우리 인간에게 빛과 볕을 준다. 어둠을 내몰고, 그 따사로운 기운으로 먹을 것을 익혀주어 더욱 풍성한 먹거리를 만들어준다. 반면 어둠은 때론 인간의 피비린내 나는 잔인함을 부추기기도 한다. 상상을 뛰어넘는 흉포한 범죄가 왜 대부분 밤에 일어나겠는가. 햇살 투명한 밝음 속에서는 차마 일으킬 수 없는 마음들이 어둠 속에서는 피어나는 까닭이다.

조선시대 역대 왕들의 행적을 적어놓은 실록을 펼쳐보아도, 어둠 속에서 어떤 일들이 벌어졌는지 알 수 있다. 그 중 역성혁명으로 새 왕조를 연 태조 이성계의 행적이 적힌『태조실록』태조 7년 무인 8월조에는 다음과 같은 사실이 기록되어 있다.

개국공신인 정도전 등이 왕이 위독하다는 핑계로 밤에 한씨 소생의 여러 왕자를 불러내어 살해하려고 했다. 하지만 나중에 태종이 된 정안군 방원이 궁중의 여러 문에 등이 밝혀져 있지 않은 것을 의심해서 거꾸로 음모가 들통이 나서 살해 계획이 실패로 끝났다.

까닭에 우리네 인간은 태초에 생명을 받은 이래, 칠흑처럼 어두운 밤에 조금이라도 빛을 끌어들이기 위해, 따사로운 볕을 이용하기 위해 끊임없는 싸움을 벌여왔다. 돌멩이를 맞부딪쳐 불을 만들기도 했고, 솔가지의 송진이 맺힌 관솔로 관솔불을 밝히기도 했다. 이 모두가 음침한 어둠을 물리치려는 눈물겨운 노력이었다.

우리네 정신의 핵, 화롯불

인류가 불을 만들고, 불을 생활 속에 적극적으로 끌어들이고 난 다음부터 인간의 생활은 놀랄만큼 달라졌다. 불의 발견과 더불어 인류가 문명 사회로의 첫 발걸음을 내디뎠다고 해도 과언은 아니리라. 불을 만들 수 있었으므로 추위를 이길 수 있었기에 오대양 육대주, 살기 좋은 땅을 찾아 인류의 자리 옮김이 시작되었을 것이다. 불이 있었기에 더이상 날음식, 날곡식, 날

격자 창문을 넘어 새어나오는 불빛은 안식과 희망을 준다. 차 마시는 여인의 그림자가 한없이 아늑해 보인다.

열매만 먹으면서 허기진 배를 움츠리지 않아도 되었다. 또 그렇게 풍성해진 먹거리의 도움으로 자신의 종족을 더욱 번창해 나갈 수 있었으리라.

우리네 조상들 또한 불을 소중하게 다뤘다. 검불이나 삭정이를 한데 모아 추위를 쫓고 어둠을 밝히는 화톳불, 집안에 큰일이 있을 때면 마당 한가운데에 지피던 모닥불, 방을 따사롭게 해주던 화롯불, 방안을 환하게 밝히던 등잔불, 부처님 전에 소원을 빌던 인등불, 큰일이 나면 손에 붙여들던 횃불, 신랑 신부가 합방하던 날 밝히던 귀한 촛불…. 이렇듯 다양하게 불을 이용했다.

그 중 겨울날 안방에서 살아 숨쉬던 화롯불은 우리네 정신의 핵이다. 아궁이에 지폈던 불씨를 꼭꼭 눌러 담아두던 질화로나 무쇠화로, 유기화로는 집안의 생명줄이었다. 그것은 가문의 생명력이나 재화를 보존해주는 생명의 불씨였다. 행여, 그 집안의 아녀자들이 불씨를 꺼트리거나 하는 날이면 집안이 망할 징조라 서슴지 않고 개탄을 했던 것도 그것이 단순한 불씨가 아닌 집안을 지키는 수호신이었기 때문이다.

그렇다고 화로 속의 불씨를 곱게 모셔둔 것만은 아니었다. 밤이 이슥해지거나 엄동설한 모진 바람이 쌩쌩 부는 낮이면 화로 속에 밤이니 고구마 등속을 묻어놓고, 아이들에게 '옛날 옛적에…', '간날 간적에…' 옛 이야기 보따리를 풀어헤쳐 우리의 정신을 대물림하는 문화 살롱을 만들기도 했다. 그러나 할머니 무릎맡에 앉아 호랑이 담배 피던 옛 이야기를 들으면서 입술이 까매지도록 밤이나 고구마를 까먹던 추억들이 이젠 더이상 이어지지 않는다. 그래서 아쉽다. 화로맡에서 이어지던, 흘러넘치던 사람 사는 정이 끊어진 것 같아 허전하다.

신랑 신부에 대한 축복을 담은 청사초롱

새색시가 혼례를 치르기 전에 색시 집으로 함을 보내던 날에도 불은 필요했다. 함진아비가 내딛는 발걸음을 환하게 비추던 청사초롱에는 흥겨운 잔치마당이 묻어 있다. 구름 무늬가 아로새겨진 푸른 바탕의 비단을 두르고, 위아래에다 붉은색으로 동을 단 청사초롱(청사등롱)은 본디 궁중에서 사용하던 것. 하지만 혼례 때는 일반 평민들에게도 사모관대에 활옷 입는 것을 허락했던 것처럼 청사초롱을 앞세워 어두운 밤길을 밝혀 신랑 신부가 백년가약을 맺는 전야를 축복해준 것이다.

청사초롱 그 불빛이 고샅길을 밝히면서 점점 가까워지면 새색시는 가슴이 저며왔으리라. 의젓한 낭군을 만나 새 살림을 차린다는 설레임보다 '고초 당초보다 맵다'는 시집살이를 하기 위해 잔뼈를 굵힌 친정을 떠나야 하는 서글픔에 눈물을 주르륵

흘렸을 것이다.

조상들이 사용하던 우리네 벽난로, 고콜

요즘 사람들이 저마다 거실 한켠에 설치해놓기를 소망하는 벽난로도 우리 조상들은 예전부터 갖추고 살았다. 이름하여 '고콜(꽃굴)'이 그것이다. 얼마 전까지만 해도 강원도 산골에서 고콜을 발견하기란 그리 어려운 일이 아니었다. 벽 한쪽에 구멍을 뚫어 관솔가지에 불을 올려 피우던 고콜은 어둠을 밝히는 조명시설이자, 방을 훈훈하게 만드는 난방 기구였다.

관솔의 그을음이 타오르고 탁탁 불꽃이 이는 고콜 옆에서, 우리네 조상들은 지난 겨울 멧돼지 사냥 때 있었던 무용담을 늘어놓거나, 세상과 이어지는 유일한 통로를 끊어버린 지겹도록 내리는 눈을 한탄하거나, 짚으로 신을 삼으면서 긴긴 겨울밤을 넘겼으리라. 그래서 고콜에는 사람 사는 진한 내음이 풍겨났다.

불은 또 단순히 어둠을 밝히고, 방 구들을 뜨뜻하게 하는 데만 이용되는 것은 아니었다. 집안에 우환이 있을 때, 하는 일이 잘 안 풀릴 때, 큰 뜻을 품은 자식의 앞날을 밝히기 위한 원을 세울 때도 불은 필요했다. 신새벽 장독대에 정화수 한 사발 정성껏 떠올려놓고 치성을 드릴 때도 불은 필요했다. 그때 바람결에 이리저리 흔들리던 촛불은 성스러움 그 자체였다. 어미의 정성이 간절히 밴 참기도의 소리였다.

불그릇에 담긴 조상의 놀라운 미의식

촛불을 켜놓고 치성을 드리던 것은 한참 옛 일로 거슬러 올

연꽃을 아로새긴 등잔걸이와 눈부시게 흰 백자호롱이 절묘한 조화를 이루고 있다.

라간다. 고구려시대의 고분인 쌍영총에 있는 벽화에는 인물도가 등장하는데, 그 그림 중에는 푸른 옷을 입은 청의동자가 촛불을 촛대에 받쳐 이고가는 모습이 있다. 또 평양 근처에 있는 고구려의 절터에서는 돌로 만든 촛대와 도자(陶磁)로 만든 촛대가 출토되기도 했다.

불빛은 앞서 말했듯 따사롭다. 칠흑처럼 어두운 밤길을 걸어본 사람이라면 충분히 짐작하리라. 어둠 속에서 저 멀리 불빛이 눈에 들어오면 얼마나 반가운 마음이 드는지를 말이다. 또 밤 늦은 시간 집에 돌아올 때, 집안에 불이 켜져 있으면 마음

불은 인류를 번창시킨 고귀한 산물이다. 불이 없었다면, 어찌 아궁이가 존재하고 기름기 자르르 도는 무쇠솥이 우리 곁에 자리잡고 있을 수 있겠는가.

이 절로 놓이는 뿌듯한 위안이 된다. 반대로 불꺼진 집의 문을 따고 들어서서 방에 불을 켤 때 느끼는 휑한 마음은, 그런 허전한 기분은 느껴보지 않은 사람이라면 쉽사리 가늠하기가 어렵다.

그런 점에서 조상들이 어둠을 밝히기 위해 사용했던 불그릇은 놀라운 미의식을 지니고 있다. 불을 피우는 그릇에 따라 이름도 제각각이다. 고콜불, 종지불, 등잔불, 호롱불, 초롱불, 남포불…. 또 불을 피우는 재료에 따라서도 그에 맞는 이름을 붙였다. 화롯불, 모닥불, 깍지부르관솔불, 기름불, 촛불….

한발 더 나아가 조상들은 불을 사용하는 기능에 따라서도 다른 이름을 붙일 줄 알았다. 마을에 화급한 일이 생겼을 때 동리 사람들의 손과 손에 들던 횃불, 나라에 변란이 생기거나 긴급한 통신을 하기 위해 봉수대에 신호에 따라 불을 지피던 봉화불, 부처님 전에 소원성취를 기원하며 태우던 인등불, 주막전의 주막 앞에 걸어놓아 먼 길 떠난 길손의 다리쉼을 하게 해주던 주등(酒燈)….

기름을 붓고 실로 심지를 박은 등잔

석유가 본격적으로 수입되기 전인 백여 년 전만 해도 우리 조상들이 어둠을 밝히기 위해 사용하던 불은 단연 등잔이었다. 옥돌이나 백자, 도기 등을 종지나 보시기, 사발 모양으로 다듬어 그 속에 기름을 붓고 종이나 실을 여러 겹 꼬아 심지를 박은 다음 불을 붙였던 것이다. 등잔에 뚜껑을 붙인 호롱은 불기운이 강한 석유가 수입된 이후부터 일반화되었다. 밀납 등을 이용해 만든 초는 귀한 것이어서 극히 소수의 사람들만 사용했을 뿐이다.

때문에 지금은 많이 사라졌지만 조상들이 사용하던 불그릇 중에는 등잔걸이가 아직도 많다. 등잔걸이는 나무로 만든 것이 많다. 재료를 쉽게 구할 수도 있었을 뿐더러 큰 재주가 없어도 누구나 만들 수 있었기에 그만큼 널리 사용되었던 것이다. 물론 놋쇠나 철, 청동, 유리나 돌 등으로 만든 등잔걸이도 있었지만 이런 등잔걸이는 누구나 쉽게 손에 넣을 수 있는 여염집 불그릇은 아니었다.

등잔걸이는 크게 세 개 부분으로 만들어지는 것이 보통이다. 맨 위쪽은 등잔을 받쳐주는 등꽂이가, 다음에는 등잔을 일정한 높이로 높혀주는 받침대, 그리고 등잔 받침대가 흔들리지 않도록 붙들어놓는 등재받이 굽으로 되어 있다. 등잔걸이의 받침대에는 대매듭, 줄구슬, 꼰노새김 등 다양한 무늬를 새겨넣어 장식을 하기도 했다.

아무나 쉽게 사용할 수 없던 촛불을 밝히던 촛대 중에는 예술적인 기품이 넘치는 것들이 많다. 촛대는 초꽂이, 촛농을 받는 받침접시, 받침대, 굽으로 이루어졌는데 굽이나 받침대에 아름다운 무늬를 새겨넣었다. 받침대에는 대매듭, 줄구슬 모양이 많이 사용되었다. 또 철이나 놋쇠, 청동 재질로 만든 촛대는 은상감을 넣거나 촛불을 반사시켜 실내를 더 밝게 비추는 등거울(화선, 火扇)에 박쥐나 나비, 팔각형 등의 무늬를 화려하게 새겨넣기도 했다.

그래서 이런 등잔걸이를 만나게 될 때면 눈이 즐겁다. 자잘한 생활용품 하나에도 혼을 불어넣던 조상들의 정성이 눈에 아른거린다. 손재주 좋은 조상들의 솜씨를 닮고 싶어진다.

발아래만 비추는 불빛이 그윽한 조족등

옛날에도 요즘의 손전등 같은 휴대용 불이 있었다. 순라꾼이 밤에 야경을 돌 때 주로 사용하던 조족등은 모양이 박처럼 생겼다고 하여 박등이라고도 불렸는데 발 아래만 비추는 불빛이 참으로 그윽했다. 이 등은 순라꾼이 들고 다니기 편하도록 위쪽에 손잡이를 붙였다. 뼈대를 댓가지나 철사로 만든 다음 기름 먹인 종이를 두껍게 발라서 불빛이 발 아래쪽으로만 비추도록 만든 모양새가 조상들의 지혜로움이 피어나는 듯하다.

빛이 있으므로 겨울날의 밤은 더 따사로웠다. 하긴 요즘에는 밤이 밤 같지 않게 환해진 세상이 되어버려 불면증으로 시달리는 사람도 많다. 낮에는 일하고 밤에는 몸을 쉬게 하는 그런 자연의 법칙을 거슬러서 몸을 망가뜨리기도 한다. 그래서 때론 칠흑처럼 어두운 밤이 그리워진다. 그런 밤을 보내며 까만 하늘에 총총히 떠 있는 별들을 하나 둘 헤고 싶어진다.

올 겨울에는 무쇠든, 질그릇이든, 유기든 아무튼 화롯불 앞에 둘러앉아 옛날 이야기를 도란도란 나누는 밤을 지새보고 싶다. 군밤이 톡톡 터지는 고소한 소리를 들으면서 입술이 새까매지도록 군것질을 해보고 싶어진다. 기왕 내친 김에 조상들이 그랬던 것처럼 촛대에 초도 꽂아 어두운 밤을 낭만이 가득 찬 시간으로 밝혀보고도 싶다. 그 불빛으로 마음 가득 광명의 밝음을 불어넣어 그늘진 자리에서 고통받는 이웃을 돌아다보는 눈도 트이게 하고 싶다.

"옴 아모가 바이로나차나 마하 무드라 마니 파드마 즈바라

프라바를타야 훔."
 불가에서 지송하는 '광명진언'이 간절히 소망되는 바야흐로 겨울이다.

제 2 부
야무진 손끝으로 피워낸 치레살림

색지함, 오색영롱한 탐나는 물건

'파르르 파르르…' 삭풍에 몸을 떨던 문풍지 소리는 우리네가 잃어버린 추억의 선율이다. 양식집 제아무리 멋진 문짝이라고 해도 이런 독특한 떨림 소리는 흉내내지 못한다. 마파람 삭풍에 온몸 부딪치던 격자창, 들창문이 아니고서는 감히 넘볼 수 없는 독특한 음색이다.

요즘에 길을 가는 아이를 붙들고 '문풍지가 뭐냐'고 묻는다면, 선뜻 대답할 아이가 많지 않을 것이다. 문풍지는 문틈으로 들어오는 바람을 막기 위해 문짝 테두리 틈새에 붙힌 종이다. 문풍지는 곧 종이다.

종이는 하찮다면 하찮고, 귀하게 여기자면 더없이 소중하다. 종이가 없었더라면 아침에 '따끈따끈한' 소식을 전해주는 신문도 세상에 없을 테고, 재미난 연애소설, 눈물을 훔치게 하는 감동의 수기도 읽을 수 없을 테니.

종이가 흔한 요즘에는 종이가 종이로서밖에 대접을 못 받는다. 글씨를 쓰고, 책을 만들고, 휴지를 만들고, 물건을 담는 상자를 만들고, 벽에 바르는 벽지를 만드는 선에서 그 생명은 끝이 나고 만다.

호랑이 담배 먹던 아득한 옛날까지 들먹이지 않더라도 종이는 몇 십년 전만 해도 귀한 대접을 받았다. 측간에 보들보들한 종이가 턱하니 자리잡으리라고 그 시절 사람들이 어디 꿈이나 꾸었겠는가.

어린 눈에도 탐나는 색지 반짇고리

무엇이든 귀하면 사랑받고, 대접받는 법. 옛날에 태어났던 종이들은 그랬다. 대접을 받은 그 증거가 알록달록한 예쁜 색지로 만든 장식품, 생활소품들이다. 이름하여 색지 공예품이다.

어린시절, 눈 침침한 할머니가 손자놈 손녀들 구멍 뚫린 양말을 꿰매어주려고 꺼내오던 반짇고리 중에도 색지로 만든 것이 제법 있었다. 오랜 시간 손때 묻어 고운 색이 바래기는 했지만, 어린 눈에도 그 반짇고리는 탐나는 물건이었으리라.

'제기, 딱지 넣어두면 참 좋겠다.…'

조상들이 만들어 쓰던 색지 공예품은 빗을 담아놓던 조그만 빗첩에서부터 책장 등의 가구에 이르기까지 그 종류가 수없이 많았다. 어떤 것은 통째로 종이를 덧붙여 만들었는가 하면, 개중 부피가 큰 물건은 뼈대만 나무로 만들고 그 위에 색색의 종이를 붙여 모양을 낸 것도 있었다.

색지를 붙이고 또 붙여 만든 색지공예품은 화사함에 눈이 부시는 것들이 많다. 빨강, 노랑, 파랑 삼원색이 선명한 대비를 이루는 과반은 상기호 씨 작품이다.

빨강, 노랑, 파랑, 하양 까망 다섯 가지 색을 적절하게 섞어 만든 옛 색지 공예품을 보게 되면 강렬한 인상을 받게 된다. 기하학적인 선의 배열, 정교하게 아로새긴 문양, 원색의 대비 …. '어떻게 종이로 저렇게 좋은 물건을 만들었을까' 감탄사가 절로 나온다.

간절한 염원을 담았던 색지 공예품

색지로 만든 공예품에는 이렇듯 우리 조상들의 조형미와 색채미가 총체적으로 집약되어 있다. 그러나 생활 소품으로서의 색지 공예품에 조상들의 예술적인 안목과 솜씨만 담겨 있는 것은 아니다.

그 속에는 부귀다남(富貴多男), 만사형통(萬事亨通), 수복강녕(壽福康寧), 장생불사(長生不死), 벽사대길(僻邪大吉) 등의 아들 딸 잘 낳고, 행복하게 오래 살 수 있도록 해달라는 간절한 염원이 담겨 있었다.

그 염원은 예물함, 반짇고리, 소반, 부채, 장농 등 색지 공예품 어디에나 표현되었다. 색지 공예품의 장식성을 돋보여주는 문양이 바로 그것이다.

박쥐 문양은 잡귀를 쫓아내는 의미뿐만 아니라, 번식성이 강한 생물인 까닭에 아들 딸 잘 낳게 해달라는 뜻에서 부인네들이 사용하는 반짇고리나 함에 주로 붙였다. 남정네들이 주로 사용한 필통이나 연상은 곧은 성격이나 지조를 상징하는 대나무 문양을 주로 붙였다.

이런 상징의 의미로 색지 공예품에 사용되었던 문양은 수없이 많다. 백수의 왕을 상징하는 호랑이는 잡귀를 막아준다고, 한 번 맺은 짝과는 절대 헤어지지 않는 기러기는 백년해로 하라고, 나비는 부부 금슬 좋으라고, 매화는 복 받고 장수하라고..

민족의 색, 오방색에 담겨 있는 오묘한 이치

색지 공예에 주로 쓰이는 다섯 가지 색 또한 무의미하게 사용된 것은 아니다. 색지로 된 반짇고리나 함을 보면서 "왜 저리 촌스럽고 원색적이냐"고 깔보는 사람은 뭘 몰라도 한참 모르는 사람이다. 좀 심하게 말하면 배달겨레의 후손될 자격이 없는 사람이다.

빨강, 파랑, 노랑, 하양, 까망의 색은 우리 민족의 색이다. 흔히 오방색이라 하여 이 색을 기준으로 우주를 이해하고, 홍망성쇠·길흉화복 등의 삶의 원리를 터득했다.

파랑은 생명을 상징하는 색으로 왕성한 생명력과 무성함을 나타낸다. 어둠을 뚫고 해가 솟아오는 쪽에 있는 색으로 소생, 부활을 뜻하는 봄을 의미한다.

빨강은 남쪽을 상징하는 색으로 계절로는 여름에 해당한다. 양기가 왕성하므로 모든 재화를 불러일으키는 음기를 물리칠 수 있으므로 귀신을 쫓거나 부정을 물리치는 데 즐겨 이용된 색이다.

하양은 서쪽에 해당하는 색으로 계절로는 가을이다. 가을은 추락하는 계절로 하양은 음색에 해당하지만 우리 조상들은 이 색을 길한 것으로 여겼다. 흰떡, 백옥, 백마… 까망색은 북쪽을 나타내는 색으로 겨울을 의미했다. 음침하고 생기가 없다고 하여 불길한 색으로 여겼다. 노랑은 중앙을 의미하는 색으로 모든 것의 중심이 되었는데, 임금의 색이라 하여 노랑 옷은 임금 외에는 아무나 입을 수 없는 것이었다.

우리네 조상들이 만들어 사용했던 색지 공예품은 이렇듯 오묘한 이치와 인생을 살아가는 지혜가 담겨 있었다.

색지공예품은 집안을 장식하는 용품으로도 뒤지지 않는다. 산과 호수, 하늘이 담겨 있는 색지 액자가 멋스럽다.

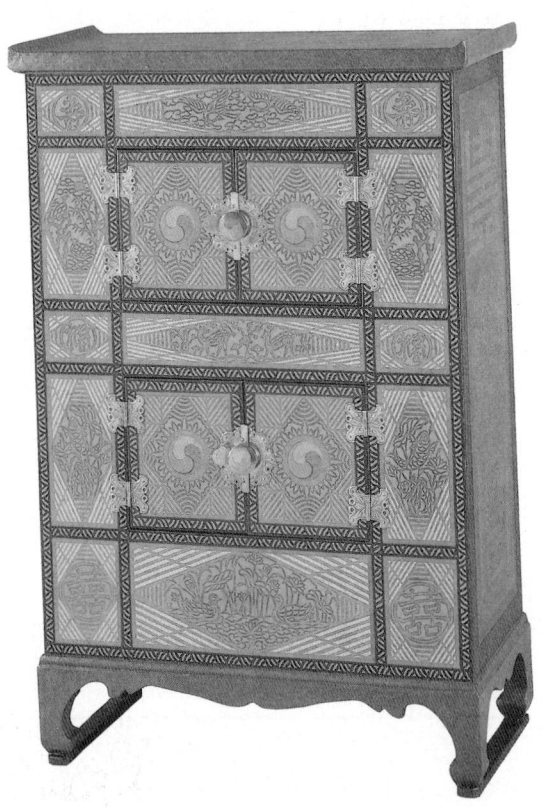

색지 공예품은 종이로 만든 것이어도 실용성에서 결코 뒤지지 않는다. 옛날에 '견오백지천년(絹五百紙千年)'이라는 말이 있듯 한지를 붙여 만든 색지 공예품은 견고하고 부드러운 감촉이 뛰어나다.

밋밋한 면에다 복을 비는 무늬를
새겨넣은 사각함은
격식을 갖추어 선물을 할 때
이용할 만하다.

그렇다면 요즘 우리가 사용하는 생활용품들은 어떤가. 값싸고, 멋지고, 세련된 것에만 관심이 끌릴 뿐, 도무지 인생을 살아가는 슬기나 경건한 염원이 담겨 있는 것은 찾아보기 어렵다.

물론 계수나무 아래서 토끼가 방아 찧고 있다던 달나라까지 이미 사람이 발을 디딘 터에 살림살이에 무슨 염원을 담고, 세상을 사는 지혜를 담을 수 있겠냐고 비웃는 사람도 있을 것이다.

하지만 사람이 살아가는 데는 적당한 신비와 비밀스런 구석이 있는 것이 좋다. 그래야 온기가 있다. 풀잎에 맺힌 영롱한 이슬을 단지 과학으로만 분석해 수소 분자 두 개와 산소가 결합되어 있는 물이라고만 여기고 살아간다면 세상이 얼마나 삭막해지겠는가.

누구나 만들어볼 수 있는 화사한 인테리어 용품

요즘 사람들이 좋아하는 인테리어 용품으로도 색지 공예품은 손색이 없다. 세간살이 위에 채곡채곡 쌓아올린 크고작은 색지함은 그 화사함에 집안이 절로 밝은 분위기가 된다.

색지 공예품은 종이로 만든 것이어도 실용성에서 결코 뒤지지 않는다. 옛날에 '견오백지천년(絹五百紙千年)'이라는 말이 있듯 한지를 붙여 만든 색지 공예품은 견고하고 부드러운 감촉이 뛰어나다.

손님이 찾아왔을 때 화사한 색감의 소반이나 과반 등의 색지 공예품에다 과자나 과일 등을 담아 내놓는다면 기분이 어떨까. 절로 군침이 돌지 않을까. 음식은 눈으로도 먹는다고 하지 않는가.

색지 공예품은 아주 복잡한 것이 아니라면 누구든 쉽게 만들 수 있다. 요즘은 옛날처럼 한지를 수십 겹 덧바르지 않아도 된다. 미술 재료상이나 문방구에서 파는 두꺼운 판지를 적당한 크기로 잘라, 아교로 단단히 붙여 그 위에 한지를 덧붙이면 산뜻한 색지 공예품이 만들어진다.

만드는 순서는 작은 소품이나 덩치 큰 가구나 큰 차이가 없다. 물론 부피가 크면 그만큼 공력이 더 들어가야 하겠지만.

사각함 만드는 과정을 따라가 보자.

맨 처음 할 일은 재단이다. 판지 위에 자를 대고 원하는 크기만큼 연필로 표시를 한다. 다음에는 그려진 선에 따라 칼날을 자에 바짝 대고 선을 따라서 반듯하게 잘라낸다.

다음에는 재단한 판지를 붙여나갈 순서. 맞붙일 판지의 한쪽 면에만 접착제를 발라 1~2분이 지나면 서로 직각이 되게 붙인다. 단단하게 붙인 뒤에 판지 위에 흰색 한지로 도배할 때 초배지를 바르듯 한 겹 붙인다. 초배지 위에 원하는 도형으로 밑그림을 그리고 나면, 밑그림 크기에 맞춰 색색의 한지를 자른다.

이제 크기에 맞춰 잘라놓은 색지에 풀을 바를 차례다. 풀을 판지에 바르면 나중에 색지가 들뜰 우려가 있기 때문이다. 색

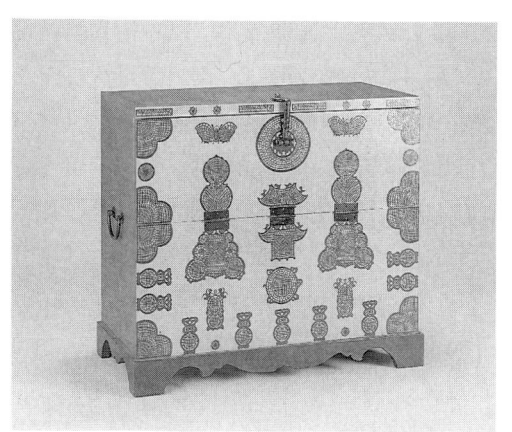

섬세한 문양을 덧붙인 반닫이. 덩치 큰 물건은 판재에 종이를 덧붙여 색다른 맛을 내기도 했다.

지 붙이는 작업이 끝나면 모서리에 테를 둘러야 한다. 테를 두르는 것은 단정한 모양새를 내기 위함이지만 그보다 색지함을 견고하게 유지하기 위해서이다. 테는 함의 크기에 맞춰 적당한 크기로 길게 자르는 것이 좋다. 모서리 중간쯤 끝나 덧붙이게 되면 깔끔한 모양새가 나지 않기 때문이다.

문양은 취향에 따라 붙여도 좋고, 안 붙여도 좋다. 하지만 크기가 큰 함은 문양을 붙여야 더 모양새가 살아난다.

솜씨가 늘어난다면, 내 손으로 직접 만든 소품을 가까운 친지에게 선물을 해도 좋을 듯싶다. 선물을 받는 상대방이 그 물건을 두고두고 사용하면서 선물해준 이에게 고마운 마음을 늘 간직하게 될지도 모를 일 아닌가.

환경 보호에도 한몫

색지 공예는 요즘 가뜩이나 환경 공해에 대한 염려가 늘어나는 시점에서 환경 보호에도 한몫을 거들 수 있는 여지가 있다. 큰 물건을 사올 때면 포장용으로 상자가 딸려오기 십상이다. 이 상자를 버리지 않고 모아두었다가 색색의 한지를 덧발라 수납상자를 만든다면, 일부러 수납상자를 돈 들여 사지 않아도 되고 쓰레기도 줄일 수 있으니 그야말로 일석이조가 아니고 무엇이겠는가.

 욕심을 더 부려 내 손으로 만든 수납상자에다 쉽게 오려붙일 수 있는, 길상만복(吉祥萬福)을 불러들인다는 완(卍)자 문양 한두 개 새겨넣는다면 저절로 복이 굴러 들어올지 모를 일이다.

 무슨 풍, 무슨 풍 해서 우리 곁에 마구잡이로 들어오는 서양의 문화보다 운치가 있고, 또 우리의 고유한 정서도 담겨 있는 색지 공예품에 눈을 돌려야 할 듯싶다. 먹는 것만 신토불이가 아니라, 문화도 이제 정말 신토불이가 되어야 할 때이므로….

숭고한 정신과 덕을 담은 부채

　여름 한낮은 뜨겁다. 모든 것 녹일 듯 기세 좋게 타오르는 태양, 그 아래에서 빳빳하게 고개 세우고 맞설 장사는 세상에 없다. 한낮에는 골목길을 어슬렁거리는 멍멍이도, 광주리 이고 밭 둑을 걸어가는 아낙의 뒷모습도, 들판에 서 있는 나무 이파리들도 축 늘어지기는 매한가지다. 하지만 여름 한낮에도 사람들은 살맛 나게 시원한 풍경을 펼쳐낼 줄 알았다. 그를 이겨내는 지혜가 있었던 것이다. 이런 지혜가 없었더라면 어찌 우리가 가을 황금 들녘을 맞이할 수 있었으랴.
　참외밭 언저리에 단내가 솔솔 풍겨나고, 수박 빨간 속살이 식욕을 자극할 무렵이면 사람들 손에는 더위를 이겨내는 무기가 들리게 마련이었다.

　삼베 적삼 단정하게 차려입은 할아버지의 뒷짐진 손에도, 손주 녀석에게 무릎 베개를 베어준 할머니의 주름진 손에도, 마실 나온 남정네의 손에도 저마다 다른 생김의 부채가 들려 있었다.

　합죽선, 방구부채, 태극선, 효자선….

삶의 여유가 있는 풍경

　부채가 있는 풍경 중 으뜸은 뭐니뭐니 해도 나무 그늘 아래에서이다. 넉넉한 그늘을 드리우는 느티나무 아래에 돗자리 펼쳐놓고, 하늘하늘 부채를 부치는 모습은 시원하다 못해 정겨워 보인다. 부채자루 흔들면서 이웃들과 정담도 나누고, 세상사 돌아가는 걱정도 함께 하고…. 이런 풍경에는 번잡스런 세상에서 한 걸음 물러선 삶의 여유가 깃들어 있다.

　거기에 속절없이 짧은 제 인생 서러워 맴맴 울어대는 매미소리라도 더할라치면 그 그늘은 곧바로 지상의 낙원이요, 천국이 되었다. 서너 걸음 떨어진 그늘 밖 세상은 지옥염천 땡볕이 머리를 후끈 달구는데도….

　그러나 요즘은 어떤가. 이런 풍경을 마주치기란 여간 어려운 일이 아니다. 동네 어귀든 한가운데든 제 편한 자리에 턱 하나 자리 잡고 있던 느티나무도 자취를 감추었을 뿐만 아니라, 애써 부채질을 하지 않아도 제 스스로 쌩쌩 날개 돌리며 시원한 바람을 일으키는 선풍기나 에어컨이 집집마다 버티고 있는 까닭이다.

하지만 세상에 공짜는 없는 법, 편한 만큼 그만큼의 대가는 치러야 한다. 부채로 더위를 쫓던 시절에는 들어볼 수조차 없었

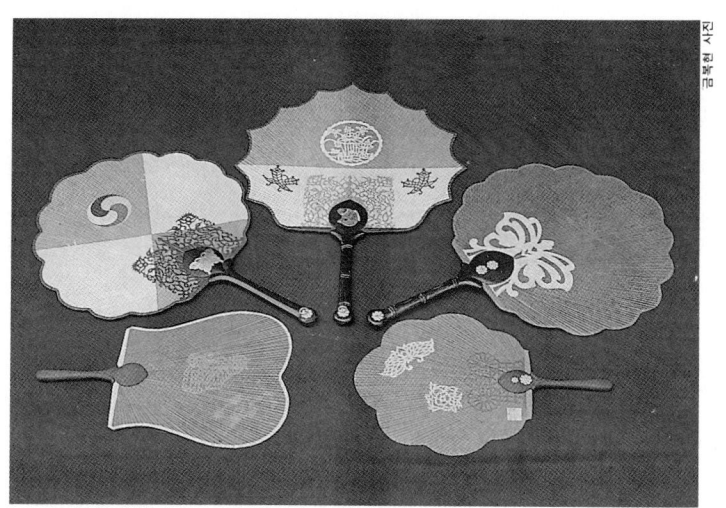
조상들은 단오가 가까워지면 부채를 선물하는 일을 즐겼다. 그래서 '여름 생색은 부채'라는 말도 나왔다.

던 희한한 냉방병이 새로 나타났는가 하면, 더위를 쫓겠다고 밤 새워 선풍기를 돌리다 귀한 목숨을 잃어버린 안타까운 소식도 사이사이 들려온다.

이런 현상은 세상이 아무리 편리하고 좋아진다 해도 우리가 잃지 말고 지켜 나가야 할 것이 있다는 사실을 교훈으로 알려 주는 듯하다.

여덟 가지 덕을 베푸는 팔덕선

십수년 전만 해도 우리가 즐겨 사용했던 부채는 분명 더위를 쫓기 위한 물건이었다. 하지만 부채가 어디 더위를 쫓는 데만 사용되던 물건이었던가.

선풍기, 에어컨은 공장에서 제 이름대로 만들어지면 오직 바람을 내는 기계로밖에 사용할 수 없지만, 우리네 조상들이 만들어 쓰던 부채는 손이 가는 방향 즉 쓰임새에 따라 얼마든지 다른 생명을 받곤 했다.

그 대표적인 것은 팔덕선(八德扇)이라는 이름을 가진 부채다. 부챗살이 없어 함부로 사용해도 망가질 염려 없는 이 부채는 우리의 조상들이 하찮아 보이는 부채 하나에도 얼마나 다양한 능력을 부여해 주었는지 가늠할 수 있게 해준다.

여덟 가지 덕을 본다 해서 팔덕선인 이 부채가 사람에게 베푸는 덕은 이렇다.

첫번째 덕은 부치면 시원한 바람이 나는 것이요, 두번째 덕은 사람 피 빨아 먹겠다고 덤비는 모기나 무엄하게 사람보다 앞서 밥상에 달려드는 파리를 후려쳐 잡는 것이다. 세번째 덕은 곡식이나 음식이 담긴 그릇을 덮는 것이요, 네번째는 길을 갈 때 뜨거운 햇빛을 가리는 덕을 보는 것이요, 다섯번째 덕은 불을 지필 때 바람을 일어나게 하여 불을 붙여주는 덕이다. 다음은 땅바닥에 주저앉을 때 깔고 앉는 덕을 보는 것이요, 일곱번째 덕은 청소할 때 쓰레받기가 되어주는 것이며, 마지막은 물건을 머리에 일 때 또아리 대신 사용되는 덕을 보는 것이다.

어찌 부채 하나로 이렇게 다양한 즉석 대용품을 만들어 쓸 수 있었는지 조상들의 뛰어난 응용력과 융통성에 절로 고개가 숙여진다. 오늘날의 우리가 갈수록 각박해지고 자신밖에 모르는 사람이 되어가는 것은 아마도 이런 융통성을 잃어버렸기 때문 아닐까.

효자선에 숨겨져 있는 조상들의 슬기

나랏님에서부터 여염집 머슴에 이르기까지 여름이면 지위 고하를 따질 것 없이 그 누구나 손에 쥐고 다녔던 부채에는 조상들의 삶의 철학, 정신이 베어 있다.

이런 까닭에 조상들은 그냥 부채라고 단 하나의 이름만 붙여도 될 물건을 모양새에 따라, 쓰임새에 따라 제각기 다른 이름을 붙였다. 그만큼 사는 것에 멋이 깃들어 있었고, 여유가 있는 넉넉한 마음을 갖고 있었던 것이다.

가장 널리 사용되던 부채는 대나무살을 곧게 붙여 둥글게 만든 방구부채다. 문자깨나 쓰는 사람들은 둥글원(圓)자를 써 원선이라 불렀던 이 부채는 태극 문양을 오려붙이면 태극선이, 꽃과 나비를 그려넣으면 화접선이 되기도 했다.

이밖에 연 이파리 모양으로 만든 연엽선, 오동잎 모양을 본떠 만든 오엽선, 물고기 꼬리를 본떠 만든 미선, 파초 이파리처럼 생긴 파초선, 선녀의 머리모양 같다 하여 선녀선, 오색 색실

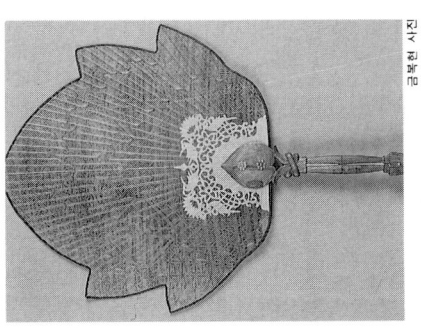

조상들은 여러가지 자연물을 본딴 다양한 부채를 만들었다. 사진은 오동잎을 본떠 만든 오엽선이다.

로 수놓은 수선, 부챗살 머리 부분을 구부려 멋을 낸 곡두선, 웃어른께 부쳐 드리는 용도로 만든 효자선, 접었다 폈다 할 수 있는 접선인 합죽선, 무당들이 쓴다 하여 무선… 이 땅에서 사용되었던 부채 이름을 나열 하자면 하룻밤을 세워도 모자랄 만큼 많고도 많다.

그 중 요즘 우리가 눈여겨볼 것은 효자선이다. 부채 자루에 효자선, 충효선 등의 이름을 새겨넣은 이 부채는 부채의 아래 부분인 선두를 넓게 만들었다. 따라서 자신을 위해 부칠 때는 불편하지만 남을 위해 부쳐주면 바람이 잘 일어나는 것이 특징이다.

이 효자선은 『오륜행실도』라는 책에도 그 이름이 등장한다. 이 책에서는 더운 여름철에는 이불 속을 부채로 부쳐 시원하게 해놓은 다음 노모가 잠들 때까지 부채질을 해드리며, 겨울철에는 차가운 이불 속에 노모보다 먼저 들어가 이불 속을 따뜻하게 덥혀놓는 효자의 일화를 통해 웃어른 섬기는 것을 자연스럽게 강조했다.

조선 말기에 즐겨 그려진 효제충신예의염치(孝悌忠信禮義廉恥) 여덟 글자를 형상화한 <문자도>에서 효 그림에 부채가 빠지지 않았던 까닭도 바로 이런 이유였다. 말로만 효도하라, 웃어른 공경하라 이야기하기보다 효도를 할 수 있는 생활 용품을 만들어놓아 어렸을 때부터 자연스럽게 어른 섬기는 법을 익히도록 한 조상들의 슬기가 효자선에는 숨겨져 있는 듯하다.

부채자루와 선추에 담긴 미의식

조상들이 만들어 쓰던 부채에는 뛰어난 미적 감각도 서려 있

여러 나무에 무늬를 새겨넣은 선추. 접는 부채의 자루 끝에 매달던 선추에는 사슴, 학, 박쥐, 대나무 같은 문양을 새겼다. 멋스런 조각품이 아닐 수 없다.

다. 부채의 모양도 모양이지만 예술성이 더욱 돋보이는 것은 부채자루나 합죽선에 매달던 선추다.

자루는 통영에서 만들어지던 통영미선(물고기 꼬리 모양의 부채) 중에 뛰어난 것들이 많다. 통영미선의 자루는 두개의 기둥이 하나로 합쳐져 있는 모양이 눈에 많이 띈다. 밧줄을 꼬거나 매듭을 묶은 듯 만들어진 자루는 당파싸움을 걱정해 뭉치고 화합하라는 의미로 만들어진 것들이라 한다.

이렇듯 조상들은 하잘것없어 보이는 부채 자루를 만들면서도 시대상을, 자신의 기원을 아로새겨 넣는 순박한 마음을 갖고 있었다.

자루 모양에는 다복, 식솔의 번창함, 절개, 고결함, 부귀, 무병장수, 부부 화락 등을 기원하는 것들이 많이 새겨졌다.

석류자루, 버섯자루, 복숭아자루, 대나무자루, 연꽃자루, 학자루, 봉황자루, 박쥐자루, 원앙자루….

따라서 조상들은 이들 부채자루를 손에 쥐고 더위를 물리치는 부채질을 하면서도 자신의 복을, 가족의 건강을, 부귀영화

부채장인 금복현 씨의 거실에서 멋을 풍겨내는 부채들. 옛날 부채부터 이녁이 만든 것까지 방안 가득 부채가 넘실댄다.

를, 꼿꼿한 지조와 절개를 가슴속에 새기고 또 새겨넣었던 것이다.

부채에 서려 있는 이런 숭고한 의미가 오늘날 제아무리 성능 좋은 에어컨이나 선풍기에 불어넣어질 수 있을까.

멋과 풍류를 즐겼던 조상들은 선면이라고 부르는 종이가 발라진 부채 바닥에 장식을 하는 일도 잊지 않았다.

기호에 따라 청초한 난초를, 굳센 절개가 있는 대나무를, 지조의 상징인 매화를, 산과 계곡을 그려넣기도 했다. 이런 까닭에 조상들은 손바닥보다 조금 더 큰 부채를 부치면서도 난의 향기를 마음으로 맡아내고 호흡하는 여유를 즐길 수 있었던 것이다.

접는 부채의 자루 끝에 매달았던 선추도 오늘날의 그 어떤 조각품에 비교해 손색이 없는 것들이다. 3~4센티미터 남짓한 작은 선추에 정교하게 새겨넣은 사슴, 학, 박쥐, 대나무, 태극 등의 문양은 조상들의 솜씨가 얼마나 뛰어났는지 새삼 일깨워 주는 부분이다.

여름 생색은 부채요, 겨울 생색은 달력이라

이렇듯 다양한 의미를 담고 있는 부채는 친지나 이웃간에 정을 주고받는 징표로도 사용되었다.

여름 생색은 부채요, 겨울 생색은 달력[鄕中生色夏扇冬曆]이라는 말이 있듯 조상들은 단오날이면 부채를 주고받으며 다가올 여름 더위를 잘 넘기기를 기원해 주었다.

한편 부채도 사람에 따라 사용하는 것이 달랐다. 방구부채는 집안에서 부녀자들이 주로 사용했고, 접선인 합죽선 등의 부채는 남자들이 외출할 때 들고 다녀 '쥘부채'라고도 했다.

또 부채를 사용하는 데도 법도가 있어서 접는 부채 중 큰 것은 신분이 높은 사람만 사용했고, 작은 것이라 해도 접는 부채는 여자가 사용하지 못하도록 했다. 작은 부채 하나로도 사회의 규범과 질서를 깨트리지 않도록 했던 철저한 정신이 있었던 것이다.

남자들이 쥐고 다니던 부채는 의관을 갖추고 난 다음 꼭 챙겨들어야 할 만큼 요긴한 것이었다. 더우면 시원한 바람을 내기도 하고, 먼지가 일면 그것을 막기도 했다. 혹 길을 가다 사이가 좋지 않아 얼굴을 마주치거나 거북한 상대와 부딪치게 되면 고개를 외로 꼬지 않고도 자연스럽게 부채로 얼굴을 가리며 지나치기도 했다.

선비들이 정자에 모여 시조나 소리 한 대목 할 때도 부채는 필요했다. 부채로 장단을 맞추기도 하고, 폈다 접었다 해가며 흥을 돋우며 풍류를 즐겼다.

다가오는 음력 오월 초닷새 단오날에는 가까운 친지에게 부채를 선물해보는 것은 어떨까. 부채를 건네면서 올 여름도 건강하게 보람차게 보내시길 바란다는 정성어린 축원을 해드린다면 정이 더 두터워지지 않을까.

또 부채에 깃들어 있는 조상들의 지혜와 철학을 이런 자리를 통해 되새겨본다면 가뜩이나 메말라가는 요즘의 생활에 윤기가 흐르지 않을까.

올 여름부터는 조금 수고스럽고 귀찮더라도 쌩쌩 돌아가는 선풍기 바람보다, 잘못 쐬면 냉방병에 걸리는 에어컨 바람보다

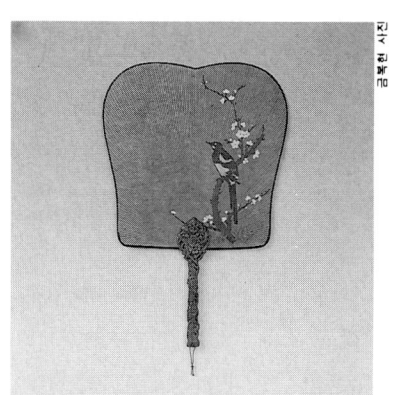

부채에서 풍겨 나오는 향기를 즐기다 보면 더위가 제아무리 기승을 부린다 해도 절로 시원한 여름을 보내게 될 것만 같다. 사진은 매화까치미선

작은 부채에서 풍겨 나오는 부채 바람을 더 쐬어보는 것은 어떨까.

부채에서 풍겨 나오는 난 향기도 맡고, 매화 향기도 즐기다 보면 까짓 더위가 제아무리 기승을 부린다 해도 절로 시원한 여름을 보내게 될 것만 같다.

이불, 깃 몸판 호청에 끌어안은
작은 우주

"잠아 잠아 오지 마라/요 내 눈에 오는 잠은/말도 많고 흉도 많다/잠 오는 눈을 쑥 잡아빼여/탱자나무에다 걸어놓고/들며 보고 날며 보니/탱자나무도 꼬박꼬박…"

여인네들의 입에서 사설 읊듯 흥얼거리던 민요가락은 언제 들어도 애잔한 마음 감출 길 없다. 얼마나 좋은 영화를 누리겠다고 그렇게도 처절하게 몸부림치며 하루 해를 넘겨야 했는지 …스스로 되짚어보아도 한스럽기만 한 인생살이를 서리서리 노랫가락에 풀어보려는 안쓰러움이 배어 나온다.

양반가 규수로 금지옥엽 곱디곱게 자라 명문 대가 마나님 자리에 턱 하니 들어앉지 않고서야 그 어떤 여인네나 평생 일독에 묻혀 살기는 매한가지. 낮에는 밭매고, 밤이면 길쌈하랴 하 많은 날을 보내야 했던 여인네에겐 초저녁부터 밀려드는 잠은 철천지 원수나 다름없었을 터. 오죽하면 "잠 오는 눈을 쑥 잡아빼서 탱자나무에 걸어놓았더니, 그 나무마저 꼬박꼬박 졸고 있더라"고 원망스런 잠 노래를 불렀을까.

본인에게는 철천지 원수나 다를 것 없는 잠이었으나 우리네 어머니들은 남편, 자식들이 활개를 펴며 단꿈에 빠져들도록 이부자리 만드는 일에 정성, 또 정성을 기울였다.

몇 년을 모아야 이불 한 채 지을 목화솜

입고, 먹는 것 그 어느 것 하나 자신의 손을 움직이지 않으면 구할 수 없던 그 옛날, 이불·요 등의 이부자리를 만드는 일은 자연 아낙네가 떠맡은 일거리였다.

이부자리에 솜이 들어가는 것은 당연한 일. 솜을 갈무리 하려면 목화를 심고, 가꾸어야 한다. 쌀, 보리 잡곡을 번갈아가며 심어본들 주린 배를 채우기 어려웠던 시절, 목화씨를 넣을 땅이 넉넉치 않았을 것은 너무도 당연한 일이었다. 몇 년을 다부지게 모으고, 또 모아야 이불 한 채 지을 목화솜 수십 근이 마련되었으리라.

돈만 있으면 못 해내는 일 그 어느 것 하나 없는 요즘 세상에 우리네 옛 여인네들이 이불을 한 채 새로 짓기 위해 기울인 눈물겨운 노력은 웬만큼 상상력이 풍부한 이라도 쉽게 가늠하기 어렵다.

부족한 것 모르고 자란 우리들이 시집갈 때 변변한 이불 한

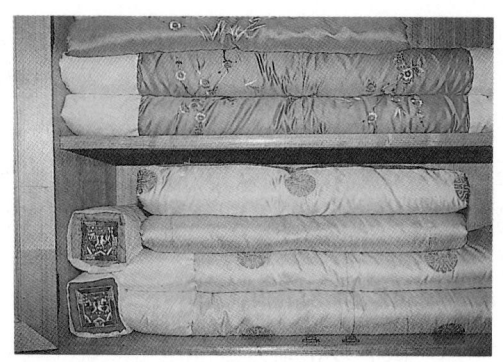

우리네에게 달디단 잠을 이루게 하던 솜이불들. 예전에는 혼인 준비에서 가장 큰 일이 이불 짓는 것이었다.

채 지어가지 못하던 새각시의 슬픔을 이해하기란 쉬운 일이 아닙니다. 호랑이 담배 피우던 옛날 옛적 전설 속의 이야기처럼 실감나지 않는 일인 까닭이다.

하지만 그 시절에는 이불 한 채 못 해온 새각시를 혼수가 적다고 두들겨패는, 장가 가서 한밑천 잡으려는 '도둑 심보'는 없었다. 심덕 좋고, 일 잘하고, 아들 잘 낳기만을 내집에 들어온 새각시에게 바라고 바랐을 뿐 다른 일은 마음속에 담지도, 시시콜콜 따지지도 않았다. 따뜻한 인간미와 소박한 심성이 세상의 흐름을 잡아주던 힘이 되었기에 인륜지대사 혼사를 저자거리의 장사치들이 이윤 남기는 거래로 그 값어치를 떨어뜨리지 않았다.

성스러운 의식 치르듯 이부자리를 만들어

하지만 요즘은 어떤가. 평생 써도 모자라지 않을 듯한 세간살이를 트럭에 바리바리 실어 보냈건만, 열쇠 세 개(아파트 열쇠, 자동차 열쇠, 콘도 열쇠)를 채워오지 않았다고 며느리를 타박하는 사람들도 적지 않다. 그래도 이 정도면 다행이다. 혼수를 적게 해보내어 자신의 자존심을 상하게 했노라며 장인, 장모마저 북어대가리 두들겨패듯 행패를 부리는 '불쌍놈'도 있다.

도대체 남의 것 거저 바라는 '거지 본성'이나, 귀하고 또 귀한 사람보다 쓰다 닳아지면 그만인 물질을 더 높이 사는 마음은 어디에서 불거져 나왔을까. 향긋한 솔바람에? 아니다. 어찌 그 맑고, 지조 곧은 솔바람에 그렇게 사악한 마음이 끼여들 틈이 있겠는가. 모르긴 해도 공장 굴뚝에서 뿜어 나오는 시꺼먼 연기가 이웃집 기쁜 일은 함께 기뻐하고, 슬픈 일에는 더불어 아픔을 나누던 정 많고 순박하던 사람들의 넉넉하던 마음을 검게 그을려버렸음에 틀림없다.

이런 일들이 거리낌없이 벌어지는 까닭은 위아래를 알아보고 서로 등 부비며 따사롭게 살아가던 윤리 도덕을 낡은 것, 아무 짝에도 쓸모없는 겉치레로 얕잡아 보고 무조건 내다버린 경박스러움에 대한 잔혹한 죄갚음일 것이다.

우리네 몸을 따사롭게 감싸고 달디단 잠을 자게 해주던 이부자리는 잃어버린, 쓰잘데없다고 헌버선짝 내팽개치듯 내던져버린 인정미 넘쳐나는 삶의 철학이 깃들어 있다. 그래서 이부자리를 만드는 일은 그 자체가 하나의 성스러운 의식을 치르는 것과도 같았다.

단잠을 자던 목화솜이 긴 잠에서 일어나

목화가 억새풀처럼 아무 곳에서나 자라는 그런 식물이 아니었으니 먹고살 만한 집에서도 이불 한 채를 새로 지으려면 몇 년을 벼르고 별러야 했다. 그래서 새 이불을 짓는 모습은 혼사를 앞둔 규수가 있는 집에서나 볼 수 있는 귀한 풍경이었다.

댕기머리 딸이 나이가 차면 여기저기서 혼처가 난다. 중신아비, 중신할미가 사랑채, 안채를 들락거린다. 입에 오르내리던 예비 사돈 문중 중에 '이만한 집안이면 내 딸 고생은 면하겠다' 싶으면, 사랑방 영감은 신랑될 사람의 사주단자를 받아들인다. 겉궁합, 속궁합 이리 재고 저리 재어 '백년해로, 부귀다남' 풀이가 나오면 신랑될 사람 집으로 혼인 날을 잡은 연길(날받이)을 보낸다.

날받이가 예비 사돈 집으로 가면 처녀의 어미는 마음부터 바쁘다. 혼례 치를 준비를 서둘러야 한다. 애지중지 곱디곱게 키운 내 딸이 '고초 당초'보다 맵다는 시집살이를 해야 될 생각을 하면 종종걸음을 치다가도 콧잔등이 시큰, 눈시울이 벌게지다가도 인륜지대사요, 경사 중의 경사인 혼인을 한다니 즐거운 마음이 앞선다.

혼인 준비에서 가장 큰 일은 이불을 짓는 일이다. 볕 좋고, 손재수 없는 날을 받아 어미는 시집갈 딸이 평생을 덮고 잘 이부자리를 장만한다. 이 날은 안방 시렁 위에서 오랫동안 단잠을 자던 목화솜이 긴 잠에서 일어난다.

이불을 짓는 날 아침, 어미는 맛난 음식 넉넉하게 장만해놓고 마을에서 제일 신수 좋은(복 많고, 아들을 많이 낳은) 여인네들을 불러들인다. 금쪽 같은 내 딸과 그 사위가 날이면 날마다 덮고 잘 이불이니 어디 팔자 사나운 여인네의 손을 빌리겠는

가. 행여, 그 여인네의 팔자를 닮아 내 딸마저 그런 신세가 될까 두려워 아예 기별도 하지 않는다.

솜을 넉넉하게 놓아 만든 이불에 담긴 속뜻

'몸 편한 게 제일'이라며 이불집에 "이런저런 이불 지어주세요" 돈만 턱하니 맡기면 그만인 요즘 사람들 눈에는 이런 어미의 행동이 우습기도 할 것이다. 어리석다고 혀를 끌끌 찰지도 모른다. '어떤 사람이 이불 깃을 꿰매면 어떻고, 어떤 사람이 이불솜을 놓으면 어떠랴. 이불 생김이 반듯하고, 몸판만 화려하면 그만이지.…'

하지만 세상 일은 그렇지 않다. 돌다리도 두들겨보며 건너라고 했다고, 조그만 일에도 정성을 기울이고 마음을 쏟아야 한다. 배 부르고, 맨날 놀러갈 궁리만 하며 사는 것이 행복이 아니듯 말이다. 이런 마음이 가슴속에 자리잡고 있었기에 그 시절 사람들은 가난해도 투정할 줄 몰랐고, 혼수라곤 기껏 제 덮고 잘 이부자리 한 채 장만해온 며느리에게도 혼수가 적다고 타박을 놓지 않았으리라. 오직 어른 잘 섬기고, 동기간에 우애하고, 아들 딸 쑥쑥 많이 낳아주기만을 바라고 또 바랐을 것이다.

먹고 사는 것에 기름기가 도는 집안에서는 봄·가을 차렵이불, 두터운 솜이불, 여름용 베 이불을 부족할 것 없이 장만해주었을 것이나, 혼수에 정성을 들였다는 여염집에서도 이불 두 채를 장만해주는 정도였다. 이런 까닭에 속깊은 어미는 이불을 지을 때, 솜을 넉넉하게 놓아 두툼한 이불을 지어주었다. 나중에 아들, 딸 낳으면 그 솜을 빼내어 아이들 이불을 장만하라는 깊은 뜻이 그 속에 담겨 있었던 것이다.

검정색 몸, 빨강색 깃, 흰 동정

솜을 놓고 무명으로 이불 속을 싸는 일은 아무나 할 수 있는 일은 아니었다. 솜을 잘못 놓으면 이불이 태가 안 난다. 이리 불퉁, 저리 불퉁 솜이 뭉치게 마련이다. 솜 놓는 일에 능숙한 아랫말 삼돌네가 공들여 솜을 놓고 이불 속을 싸주면 나머지 일은 다른 여인네들의 차지. 감색이나 검정색 몸판(이불의 겉감) 위에 빨강색 깃을 달고, 그 위쪽에 흰 동정을 달아야 풀을 먹여 뻣뻣한 눈처럼 흰 호청을 씌운다.

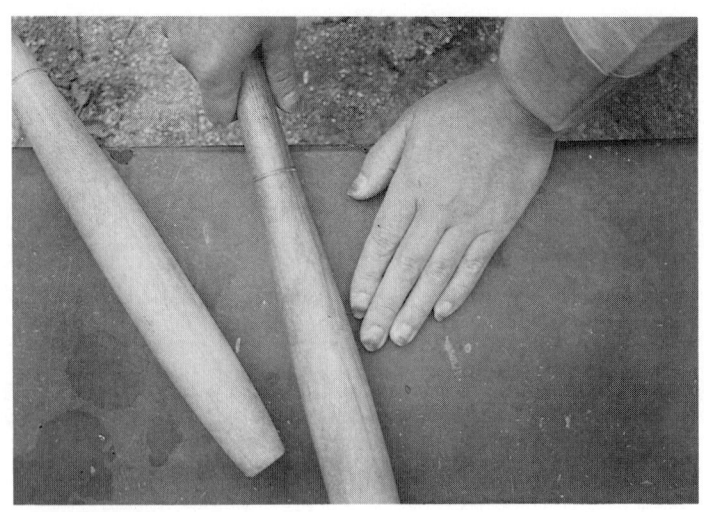

방망이와 다듬이돌 그리고 여인네의 손. 이불 호청을 다듬이에 올려놓고 다듬이질을 하던 '뚝딱뚝딱' 청아한 소리가 들려올 듯싶다.

잘사는 집에서는 몸판에 명주를 사용했다 하나 여염집에서는 이런 이불은 꿈도 못 꾸는 일. 무명이나 광목으로 몸판을 만들고, 깃을 대는 것으로 마음을 달래야 했다. 명주로 몸판과 깃을 만들 때는 몸판에 연분홍 꽃물을, 깃은 초록색 물을 들였다. 값비싼 물건이었으니 화사한 색깔을 입혀야 했던 모양이다.

비록 남의 일이라고 해도 즐거운 일은 함께 기뻐해주고, 슬픈 일을 당하면 찾아가 눈물 흘리며 일손을 보태는 것이 우리네 인정이었으니, 그 넉넉한 인심이 이불을 꿰매는 자리라고 멀리 도망칠 까닭은 없었다.

팔자 좋은 아낙들이 둘러앉아 이부자리를 짓던 그 자리에는 시집갈 큰애기의 복을 비는 마음이 뭉게구름마냥 피어났다. 아들 잘 낳고, 고초 당초보다 맵다는 시집살이 하지 말고, 부디부디 목화 햇솜처럼 포근한 행복에 빠져 살라고 빌어주고 빌어주었다.

흥 많은 아낙은 무명실 길게 꿴 바늘을 움직이며 새색시 잘 살라고 풍년가 한 곡조를 뽑았을지도 모를 일이다.

풍년이 왔네／풍년이 왔네／금수강산으로／풍년이 왔네／지화자 좋다／얼씨구나 좋고 좋다…

깃은 하늘, 몸판은 땅

우리네 어머니, 할머니들이 짓던 이부자리에는 우주가, 늘 혜택을 받고 살던 자연의 이치가, 지혜로운 생활방식이 오롯이 스며 있다.

대청마루에서 피어오르던 어머니와 할머니의 맞다듬이질 소리가 집집마다 울려퍼지는 날에는 피폐된 우리의 마음이 허공으로 흔적도 없이 사라져버릴 것이다.

옛 살림 옛 문화 이야기

몸판 위쪽에 대는 빨강깃, 초록깃은 보기 좋으라고 모양새를 내기 위해 덧댄 것만은 아니다. 깃은 이불의 위아래를 구분하는 가늠자였다. 이불에 깃이 없었다면… 어제는 발가락을 댔던 곳을, 오늘은 코끝에 덮고 자는 일을 반복할 수밖에 없었으리라.

깃은 단순히 위, 아래만 구분하는 것으로 쓰임새를 끝내지 않았다. 깃은 하늘을 상징했고, 몸판은 땅을 의미했다. 이런 까닭에 깃은 빨강색을 많이 썼다. 빨강색은 부정한 것, 사악한 것을 물리치는 강한 힘이 배어 있고, 생기를 더욱 왕성하게 해주는 활력이 담겨 있다.

쪽물을 몇 번씩 올려내어 진한 감색 빛이 곱게 오른 몸판도 마찬가지. 몸판의 감색은 청색과 마찬가지. 이 색은 식물의 푸르름을 나타내는 것, 왕성한 생명력과 자손이 번창하기를 바라는 의지가 오롯이 배어 있다.

이런 까닭에 사방이 깜깜한 어두운 밤중, 활동이 잠시 멈춘 그 시각에도 조상들은 빨강깃과 감색 몸판에서 뿜어내는 왕성한 생명력을 손쉽게 받아들였던 것이다.

조상들은 이렇게 덮고 자는 이불에도 수많은 의미와 기원을 담아넣었고, 튀지 않는 조화로운 멋을 부렸다. 겉으로 드러난 아름다움에만 정신을 판 게 아니라 그 속에 이부자리를 사용하는 가족의 안녕과 복을 비는 간절한 뜻을 새겨넣었던 것이다.

지퍼를 단 벙어리식 이불은 왠지 싱겁다

그렇다면 요즘 우리네가 덮고 자는 이불은 어떤가. 뜨뜻한 구들장이 사라지고, 침대를 사용하는 가정이 늘어나면서 목화솜 넉넉하게 놓아 만든 솜이불은 장롱 속에서 잠을 자거나, 아예 무거운 솜이불이 왜 필요하냐며 혼수 품목에서 빼버리는 사람도 적지 않다.

설사 장롱 속에 솜이불 한 채가 있다 한들 제대로 격을 갖추어 깃을 댄 이불을 찾기도 쉽지 않다. 형형색색, 모양새 번지르한 이불감을 고르는 일에만 신경을 쓰느라 우리네 할머니, 어머니들이 이불 속에 불어넣었던 갸륵한 혼, 정성 따위는 관심의 대상이 되질 않는다.

혼수 이불을 만드는 곳엘 가보면 이런 모습이 쉽게 눈에 띈다. 호청을 씌워 사방을 바늘로 시침질해야 하는 깃 달린 전통 이불보다 지퍼를 단 벙어리식 이불이 간수하기 좋다며 시집갈 딸 아이의 이불은 꼭 그렇게 만들어주어야 한다는 어머니들이 적지 않다.

남이 부술까, 무너뜨릴까 염려되어 두 눈 부릅뜨고 내것을 지켜도 시원치 않을 형편에 내가 먼저 나서서 우리네 혼과 정서를 송충이가 이파리를 갉아먹듯 야금야금 없애가고 있는 것이다.

과연 지퍼를 단 벙어리식 이불이 호청을 씌우는 이불보다 간수하기가 편할까. 그렇지 않다. 호청을 뜯어서 빨고, 말리고, 다림질하고, 다시 그것을 씌우는 일이 그렇게 힘든 것은 아니다. 학교에서 가사 시간에 바느질 솜씨를 익히지 않은 이라도 바늘귀에 실을 꿰어 시침질하는 일은 할 수 있다.

품이 아무리 더 들어간들 길어야 한두 시간 더 시간을 내면 된다. 하지만 이런 시간이, 이런 노력이 얼마나 어려운 일이라고 우리의 혼을 조상들의 지혜가 담겨 있는 그 이부자리를 마다하는지 안타깝다. 스트레스를 풀겠다고 집 근처 노래방에 가서, 백화점에 가서 두어 시간 보내는 것은 아무렇지도 않게 여기면서 말이다.

이런 생각이 냄새나고 비합리적인 고리타분한 것이라고 여기는 사람들이 많을 것이다. 사회의 기능이 극도로 다원화되어 있는, 물질 문명이 최고로 대접받는 산업사회에서 자신의 주관에 따라 개성껏 살겠다는데 이것을 뜯어말릴 생각은 없다. 남의 제사상 앞에서 '감 놔라, 대추 놔라' 참견하는 것만큼 꼴불견도 없으니까.

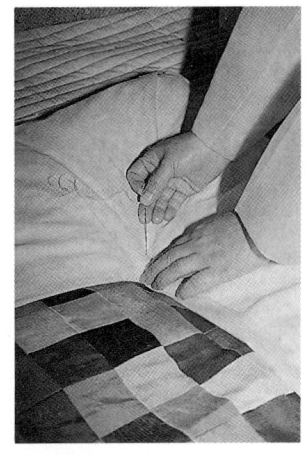

이불 깃을 깁는 일은 가족에게 작은 우주, 하늘과 땅을 느끼게 해주는 일이다.

전통 정서를 이어가는 일

그러나 우리 모두 곰곰이 생각해보자. 연거푸 인륜이, 천륜이 무너지는 놀라운 일(아들이 아버지를 죽이고, 재산 때문에 형제간에 칼부림을 내고…)들이 벌어지는 것을 '세상이 변했으니 어쩔 수 없다'고 팔짱만 낀 채로 내 몰라라 할 수는 없는 일 아닌가. 나와는 상관 없는 일이니까, 그런 일이 수없이 벌어져도 걱정 없다고 외면할 수 있는 사람이 몇이나 될까.

이런 까닭에 사람들은 "세상 말세야…"

혀를 끌끌 차기도 하고, 놀란 가슴을 쓸어내리느라 진정제를 먹기도 한다.

하지만 세상 일은 말로만 걱정한다고 해결나는 것은 아니다. 직접 부딪치고, 나서서 잘못되어 있는 곳을 바로잡아야 살기 좋은 세상이 만들어지는 것이다. 갈수록 삭막해지는, 오랜 가뭄으로 바닥을 드러낸 저수지 바닥처럼 메말라진 마음을 다독거리기 위해서는 우리네 가슴속에 흐르는 전통 정서를 이어가는 일에 힘을 쏟아야 한다.

그 중에서도 아이를 키우는 일에 큰 역할을 담당하는 어머니들이 노력해야 한다. 어머니는 다음 세대를 이어나갈 2세들에게 바른 인성, 올바른 가치관을 심어주는 가장 중요한 교육자인 까닭이다.

앞날을 내다보기 위해서는 지난날을 잘 되돌아볼 줄 알아야 한다고 한다. 그렇다. 위, 아래를 제대로 알아보고, 이웃의 아픔을 위로하고, 좋은 일에는 함께 기뻐할 줄 아는 심성을 기르기 위해서 조상들이 살아온 지난날을 더듬어보는 것만큼 손쉽고도 중요한 일은 없다.

어머니와 할머니의 맞다듬이질 소리처럼

조상들이 수천년을 이어오면서 덮고 자던 이부자리도 마찬가지다. 이불 호청을 손질할 때 들려오던 다듬이 소리, 풀을 빳빳하게 먹인 새하얀 호청, 하늘과 땅을 상징하던 빨강색 깃과, 감색 몸판들은 각박하고 메마른 삶을 힘겹게 이어가는 오늘 우리들에게 많은 교훈과 의미를 던져준다.

다듬이와 방망이가 이불 호청을 사이에 두고 내던 청아한 소

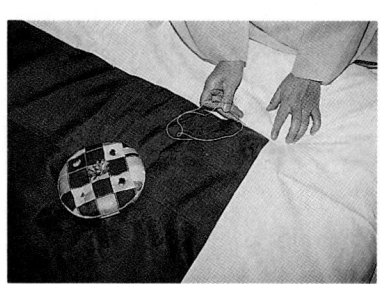

이불 호청을 손질할 때 들려오던 다듬이 소리, 풀을 빳빳하게 먹인 새하얀 호청, 하늘과 땅을 상징하던 빨강색 깃과, 감색 몸판들은 각박하고 메마른 삶을 힘겹게 이어가는 오늘 우리들에게 많은 교훈과 의미를 던져준다.

리 '뚝딱뚝딱…'. 우리의 가슴속에 아련한 향수를 불러일으키던 그 소리를 자라나는 우리의 2세들에게도 생생하게 들려주어야 한다.

풀벌레 수없이 울어대던 여름날, 대청마루에서 피어오르던 어머니와 할머니의 맞다듬이질 소리가 집집마다 울려퍼지는 날에는 피폐된 우리의 마음도, 무덤덤해진 감성도, 자신만을 아는 이기심도 허공으로 흔적도 없이 사라져버릴 것 같은 생각이 드는 것은 지나친 욕심은 아니리라.

관용과 화해의 넉넉함이 담긴
우리옷, 한복

　　　　　　　　　　　　　마음이 넉넉한 사람은 언제든
　　　　　　　　　　　　제 마음을 퍼낼 준비가 되어
　　　　　　　　　　　있기에 늘 표정이 밝다. 표정이
　　　　　　　　　　　　밝으니 사람이 따른다. 하는
　　　　　　　　　　　　일마다 그야말로 술술 풀린다.
　　　　　　　　　　　똑같은 자리에서 콩나물을 팔아도
　　　　　　　　　　　　　　저울에 달아서
파는 이보다, 손대중으로 한 움큼씩 덥썩덥썩 집어주는 사람에
게 단골이 더 많은 것이 이런 까닭이다. 콩나물 몇 뿌리를 더
챙기기 위해서라기보다 두툼한 손끝에 실려오는 넉넉한 마음이
좋아서 자꾸만 사람들의 발길이 그쪽으로 옮겨진다.
　살다보면 때로는 정확하고 분명한 것이 좋을 때가 있다. 두

부모 자르듯 계산이 정확한 사람은 한번 결정한 일에 이말 저말 군소리를 붙이지 않으니 뒤탈이 없다. 요새 같은 물질문명의 시대에, 거래와 거래가 언제 어디에서건 일어나는 자본의 시대에는 두루뭉실한 것보다, 물에 물 탄 듯 술에 술 탄 듯 흐릿한 것보다 기계로 찍은 벽돌마냥 늘 일정한 틀과 셈을 갖고 있는 것이 좋다.

하지만 세상 살아가는 일이 몇 근, 몇 그램, 몇 킬로그램 같은 무게 단위로 저울질이 될 수 있을까.

두루뭉실, 넉넉한 삶의 표현

"때로는 적당히 손해도 볼 줄 알고, 남을 위해서 내것도 덥석 내놓을 줄 알아야 그것이 사람 사는 맛이제…."

세상 사는 이맛 저맛을 톡톡히 겪어낸 나이 지긋한 어른들이 자주 하는 이런 이야기는 귀담아둘 만하다. 우리네 조상들의 남도 위하면서 더불어 자신도 좋아지는 이런 두루뭉실한 삶은 비바람 가리고, 살갗 에이는 추위를 막고, 사람 사는 예의염치를 지켜내던 우리 옷, 한복에서 분명하게 드러난다.

한복은 넉넉한 품새가 가장 큰 특징이다. 남정네의 옷이든 여인네의 옷이든 어찌나 풍성하고 넉넉하던지, 다른 사람이 하나쯤 더 들어가도 폭 감싸안을 만치 포용력이 넓다. 그 품새가 심덕 좋아 둥글넓적한 이모의 생김새와 닮았다.

우리옷이 넉넉한 것은 조상들도 잘 알고 있었다. "옷이 몸에 꼭 붙으면 복 들어갈 틈이 없다"는 속담도 그렇거니와 "핫바지, 저고리 한 벌이면 삼대를 물린다"는 말도 참으로 정겨운 이야기다. 살림살이가 제아무리 어렵다 한들 솜 누빈 핫바지 하나

넉넉한 품새가 돋보이는 우리옷, 한복. 앞가리마를 타고 개량 한복을 입은 소녀에게서 의젓한 테가 난다.

로 할아버지에서 아들로, 그 손자까지 대물림을 할 수 있겠는가. 곱씹을수록 새록새록 정을 품고 있는 이야기에 다름 아니다. 그런 옷을 입고 살았으니 좋은 일이 생기면 남과 더불어 기뻐할 줄 알고, 이웃에게 나쁜 일이 생기면 버선발로 뛰어나가 함께 고통을 나눠지었던 것이리라.

우리옷, 한복을 헐렁하고 풍성하게 지어입은 것에 대해 다른 풀이를 하는 사람도 있다. 금수강산 너른 천지가 앞동산, 뒷동산 구불구불 고갯길이 많은 땅이라서 고갯길을 오르내리며 다리품을 팔면서 살 일이 많았다는 것이다. 그런데 땅에 살면서 몸에 꼭 끼는 옷을 입고 지내면 땅을 갈고, 장을 보러 다니고, 앞말 뒷말 마을을 돌려면 무르팍이 견뎌냈겠느냐는 이야기다.

삶을 담는 그릇

풍성한 옷을 입고 살던 조상들은 집에 길손이 찾아오면 선뜻 자신이 입던 옷을 꺼내놓았다. 오랜 노행에 땀에 찌들고, 때가 오른 옷을 갈아입도록 배려를 했던 것이다. 만일 우리옷이 자신의 몸에 꼭 맞춘 몇 인치, 몇 센티미터로 셈을 하는 요즘 바지나 치마였다면 어찌 손쉽게 제 옷을 남에게 입으라고 권할 수 있었으랴.

옷을 일컬어 삶을 담는 그릇이라고도 한다. 옷 입은 품새를 보면 그 사람의 사는 법도를 안다는 이야기가 있다. 그래서 옷을 일컬어 삶을 담는 그릇이라고 이야기를 했는지도 모를 일이다.

요즘에야 양말 코가 떨어져 나가도 꿰매지 않고 그냥 쓰레기통으로 행차하는 세상이 되었지만, 우리네 어머니들은, 옛 여인네들은 낮에는 들일에 몸이 바스러졌어도 밤이면 호롱불 곁에 두고 바깥양반, 아이들 입성을 새로 짓고 다듬느라 밤을 하얗게 새우기 일쑤였다.

바느질에 얽힌 옛 여인네의 애환을 살펴내어 점차 사라져가는 바느질 풍습을 되살려보는 것은 어떨까.

뻐꾹새가 '뻐꾹뻐꾹' 구슬픈 울음을 토해내는 오뉴월 늦은 밤. 초가삼간 안방에는 밤새 등잔불이 꺼질 줄 모른다. 안주인이 바깥양반의 한여름 더위를 쫓아줄 입성을 준비하는 까닭이다.

새옷을 짓는 안주인의 마음

새옷을 짓는 기분이 산뜻하고 즐거워야 함에도 안주인의 마음은 왠지 무겁다. 작년 가을이 실했더라면 큰맘 먹고 날아갈 듯 고운 세모시 한 감 끊어 저고리 두루마기를 준비했으련만, 삼베로 고의 적삼을 짓고 있으니 어찌 마음이 홀가분할까. 그렇긴 해도 뒤주 속 쌀 몇 말을 퍼내서 바꾼 삼베 서른 자이니

소색 저고리에 남색 치마는 여인네가 일상으로 입던 차림이다. 옛 치마에서 항아리의 불룩한 곡선이 살아나고 있다.

안주인의 손놀림은 내내 조심스럽다. 모시에 비해 올이 굵은 삼베라고 해도 다루기가 쉽지 않으니 첫 손질부터 여간 신경 쓰는 게 아니다.

　서른 자 삼베를 물에 푹 담가 구정물을 빼내야 마름질도 하고 바느질도 할 수 있는 법. 양잿물 밭쳐 앉힌 물로 때를 가시고, 볕에 널어놓은 삼베가 축축한 듯 말라가면 보자기에 싸서 꾹꾹 눌러 밟는다. 두 발에 힘을 실어 꾹꾹 밟아낸 삼베는 꼿꼿한 법, 다듬이에 올려야 부드러워서 바느질하기가 쉬워진다.

　방망이 두 개가 다듬잇돌과 만나는 소리가 날아갈 듯 경쾌하다. 방망이 짝을 잘못 맞추면 '뚝딱뚝딱' 절름발이 소리가 나서 귀에 거슬린다.

　첫 손질이 끝난 옷감은 마름질을 기다린다. 마음 같아서야 내친김에 마름질을 하고 싶지만, 안살림 꾸리는 일이 어디 말처럼 쉬운 것인가. 푸성귀 뜯다 얼갈이 김치도 담가야 하고, 장거리에 나가 물 좋은 생멸치 한 궤짝 사다가 멸치젓 갈무리도 해야 한다.

성근 삼베 펼쳐놓고 바늘귀에 실을 꿰어

　안방 머릿장 속에서 며칠 단잠을 잔 삼베는 손 빈 어느 한낮, 볕 좋은 대청마루로 안주인 손에 이끌려 나온다. 앞마당에서 흩날리는 민들레 홀씨를 바라다보며 안주인은 서방님 몸에 맞추어 옷감을 베고 자르는 마름질을 시작한다.

　아차, 가위질이 어긋나면 좋은 옷감 버려낼까 두려우니 안주인은 바깥양반 저고리 바지를 포개놓고 소맷동, 앞길, 뒷길, 겉섶, 깃, 큰사폭, 작은사폭, 마루폭, 허리 등속을 마른다. 마름질은 밭일 하루품을 버리더라도 밤중에는 결코 할 수 없는 법. 침침한 등잔불 아래서는 옷감을 잘못 마르기 십상이다.

　마름질이 끝나면 옷 만드는 큰 일은 고비를 넘긴 셈. 깁고, 꿰매는 일은 저녁상을 물리고 난 밤중에 시작한다. 오뉴월 바쁜 나절에는 밭일도 빼꼼하게 많고, 모내는 논바닥에 새참, 중참 시중도 들어야 하니, 해 있는 동안에는 몸이 열 개라도 부족한 까닭이다.

　밤중에 호롱불 켜놓고 성근 삼베 펼쳐놓고 바늘귀에 실을 꿰느라 애쓰는 안사람이 안쓰러워 바깥양반은 "그거 아랫말 공산댁에게 맡기지 사서 고생인감" 인사치레를 건네다 말고 '끙' 소리를 내며 자리를 돌아눕는다.

　안주인은 들일에 몸이 지쳐 이내 코를 고는 바깥양반을 쳐다보며 보기좋게 눈을 흘긴다.

　"보리 몇 되 바느질 품삯이면 우리 식구 보리 흉년에 며칠 풀칠을 하는지 몰라서 그러시나요? 내 몸 좀 힘들면 양식 몇 끼니가 벌어지는데요."

　바늘을 한 땀 한 땀 옮기는 동안 안주인은 빳빳한 고의 적삼

한복

을 걸쳐입고 술추렴 밤마실 나갈 바깥양반을 생각하며 혼자 빙그레 웃어보고, "올 농사는 풍년이 들려나" 공연한 한숨도 내쉬어본다.

밤은 깊어가고, 뻐꾹새 울음은 더 처연해진다. '뻐꾹뻐꾹', '뻐꾹뻐꾹'…. 안주인은 뻐꾹새 울음소리에 마음이 심란해져 귀너머로 들었던 민요 한 자락을 홍얼거린다.

계집 죽고/ 자식 죽고/ 망근 팔아 장사하고/ 뻐꾹뻐꾹 뻐꾹새야/ 숲에 숨은 뻐꾹 영감/ 짚신 팔아 술 사 먹고/ 목이 말라 못다 우나/ 뻐꾹소리 왜 그치노…

아낙의 보물, 화각 실패

눈가에 졸음이 몰려오면 안주인은 수복강녕부귀다남(壽福康寧富貴多男) 선명하게 아로새겨진 반짇고리를 쓰다듬어보기도 하고, 등잔 심지에 타오르는 불꽃도 치어다본다.

반짇고리에 고이 간직하고 있는 시어머니로부터 물려받은 화각(쇠뿔조각) 실패는 아낙의 보물이다. 몰락해버린 가문을 일으켜세워야 한다는 의지를 불사르는가보다. 본디 화각이란 여염집에서 생각할 수 없는 장식물. 마을에서 화각 실패를 갖고 있는 사람은 안주인밖에 없으니 안주인의 자존심을 세워주는 데 없어서는 안될 귀물인 것이다. 그런 까닭에 안주인은 앞산 너머 양지말 윤진사 며느리가 자랑하는 산호 삼작 노리개도 부럽지 않다.

홈질, 공그르기, 감침질, 박음질, 상침질… 갖가지 기법으로 옷을 깁다가 혹여 바늘 끝에 손이라도 찔리면, 손끝을 입에 가져다 쪽쪽 빨아대면서 아픔을 참아내야 삼베 고의 적삼은 완성된다.

"베 고의에 방귀 나가듯 한다"는 속담마냥 올 여름 바깥양반 하는 일이 술술 풀려 나가길 기대하며 안주인은 마실 채비하는 남편에게 고의 적삼을 내놓는다. 며칠 밤 뜬눈 사리를 한 끝에 지어낸 고의 적삼을 걸쳐 입는 바깥양반이 "세모시 적삼보다 훨씬 낫네. 자네 솜씨는 알아주어야 해" 입에 발린 역성을 들어주면 안주인은 날아갈 듯 기쁘다. 이녁 입성은 몇 년 묵은 헌 적삼에 남편 옷 짓고 남은 자투리 베 조각을 누덕누덕 기워 입어야 해도 까짓것 하나도 거칠 것이 없다. 신수 훤한 남편이 아녀자 본인의 얼굴이나 다름없으므로….

삼작 노리개는 성장한 여인네의 기품을 살리는 장식물이다. 밀화박쥐 삼작 노리개가 은은한 멋을 풍긴다.

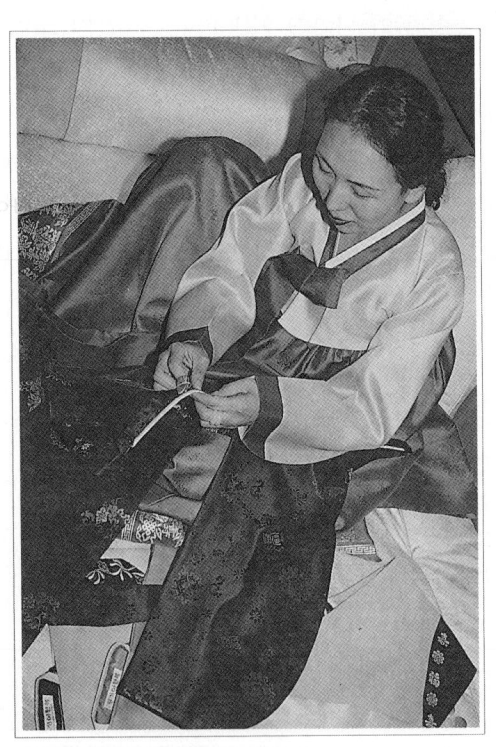

바느질을 하고 있는 여인의 모습은 아이들에게 더할 나위 없이 좋은 교육이며 본보기다. 또 바느질을 하는 동안에는 온 신경을 바늘 끝에 쏟아야 하니 바느질 하는 본인의 정신 수양에 더할 나위 없이 보탬이 된다.

행동과학적으로 재단된 과학적인 산물

이랬다. 우리네 어머니들은 가족들의 입성을 장만하는 데 이렇게 많은 공을 들였다. 옷을 깁는 바느질 한 땀, 한 땀마다 내 가족이 잘되기를 바라는 절절한 바람이 스며 있었다.

하지만 요즘은 어떤가. 갓 태어난 핏덩이부터 어른에 이르기까지 여인네가 공을 들여 만든 옷을 입고 다니는 이를 찾기란 쉬운 일이 아니다. 물론 우리네가 요즘 입는 옷가지라는 것이 몇 년씩 배운 전문 지식 없이는 마름질은 고사하고 재봉질 하나도 할 수 없는 입체 재단법으로 만든 것들이 태반이라 웬만한 솜씨를 갖지 않고서는 감히 덤벼볼 엄두가 나지 않는 것이 엄연한 현실이다.

이런 틈바구니에서 우리옷은 명절 때 잠깐 입고 벗거나, 다른 이 혼인 때나 입어주는 장식옷이 되고 말았다. 아니면 접객업소에서 손님을 맞는 이들이 입는 그런 시시껄렁한 옷으로 뒷걸음질을 쳐버렸으니… 눈 빤히 뜨고 우리 것을 잃어버리고 사니 아쉽다. 오죽했으면 우리옷을 입는 날을 따로 정해야 할 만치 홀대를 받을까. 우리옷 입는 날을 정했다고 해서 얼마나 많은 이들이 불편하고(?) 거추장스럽다(?)는 우리옷을 입어줄지 걱정이 앞서기도 하지만 말이다.

그렇다면 우리옷은 정말 불편하고 거추장스러운 것인가. 단언컨대 이 말에 쉽게 동의할 사람은 없으리라. 수백, 수천년을 이어내려온 우리옷은 이 땅의 바람과 빛, 높고 낮은 땅, 우리네의 몸집, 사는 집의 모양새에 맞춰서 개량되고, 개량된 그야말로 행동과학적으로 재단된 과학적인 산물이다.

사람과 자연을 배려한 우리옷

우리옷은 만들 때부터 자연과 사람을 배려한다. 옷감을 짤 때 만들어진 폭을 그대로 살려 한 치의 허실도 없이 재단하는 평면재단법으로 옷을 지으니 자원낭비가 없어서 좋다. 폐기물이 없으니 산업화 과정에서 생기는 환경파괴가 있을 턱이 없다.

그렇게 박음질한 것을 주름이나 끈으로 묶어서 모양을 내니 행동하기가 편하다. 허리나 가슴을 단단하게 감싸니 힘을 쓰기는 오죽 좋은가. 얄팍한 끈이나 두툼한 벨트로 허리를 죄어 몸을 꼭 죄어드는 청바지 따위와는 비교할 것이 못 된다. 꼭 죄어드는 옷을 입느라 요즘 사람들이 겪는 고통은 참으로 많다. 옷 사이로 바깥 기운과 몸 기운이 오고가는 통풍 효과가 좋은 우리옷을 입을 때에 비해서 요즘 사람들은 피부염이나 알레르기 같은 질환을 앓는 비율이 높다는 보고도 있다.

우리옷은 자연과 사람을 함께 배려한 경험과학적 산물이다. 옷감의 폭을 그대로 살려서 한 치의 허실도 용납하지 않는다.

넉넉하게 차려입으면 입은 이의 기품이 살아나는 우리옷의 장점은 이런 것 말고도 수없이 많다. 때로는 동물적이고 감각적인 충동까지 일게 하는 몸매가 그대로 드러나는 서양 옷에 비해 우리옷은 뭐든지 감싸준다. 뚱뚱한 사람은 뚱뚱한 대로, 가냘픈 이는 가냘픈 대로 자신이 갖고 있는 신체적인 약점을 옷이 전부 끌어안아 주니 얼마나 좋은가.

하지만 곳간에 서 말 구슬이 쌓여 있는들 꿰놓지 않으면 무슨 소용이 있으리…. 워낙 옷 입을 기회를 접하지 못한 탓일까. 요새 젊은이들치고, 우리옷을 제대로 입을 줄 아는 이는 참으로 적다. 옷고름 매는 것, 대님 매는 것 하나 똑 부러지게 할 줄 아는 이가 적다.

여자의 옷

여자의 옷은 치마와 저고리가 기본이다. 두루마기는 추위를 막는 방한복이므로 집안에 들어서면 벗는 것이 예의를 지키는 것이다. 여자는 남자에 비해 속바지, 속치마 등 갖추어 입어야 할 것이 많다. 속바지와 속치마는 제각각 밖에 입는 속치마나 겉치마에 비해 짧게 입어야 테가 난다. 속옷이 겉으로 비죽이 솟구쳐 나오면 얼마나 보기가 흉하겠는가.

한복의 테를 살리는 데는 고름이 으뜸이다. 모름지기 고름을 단정하고 맵시있게 매야 모양새가 살아난다. 고름 매는 법을 알아보자.

고름은 겉섶과 안섶에 붙이는 것으로 겉섶에는 긴 고름이, 안섶에는 짧은 고름이 달려 있다. 고름을 맬 때는 긴 고름이 아래로, 짧은 고름은 위로 가게 놓는 것이 첫 번째 할 일이다.

그런 다음에는 짧은 고름을 긴 고름 안쪽으로 넣어 위로 잡아 빼다. 긴 고름을 가운데 손가락 길이 쯤으로 빼내어 고를 잡고 나면 짧은 고름을 한 바퀴 돌려감아 긴 고름 밑으로 집어넣어서 아래 위를 팽팽하게 잡아당겨 모양을 내면 고름 차림새는 끝이 난다.

사뿐사뿐 걸음을 내딛을 때마다 팔락팔락 일어나는 고름 자락은 얼마나 대단한 우리옷의 매력인가. 저고리에 단정하게 매무시된 고름을 어찌 갖은 장식물로 멋을 부린 서양 옷과 견줄 수 있으리.

남자의 옷

남자 옷을 입는 것도 격을 갖춰야 한다. 바지, 저고리야 두말 할 것 없고 조끼, 마고자에 두루마기를 갖춰입어야 법에 맞춘 차림새다. 까닭에 남자는 방안에 앉아서 손님을 맞을 때나 집안에 들어설 때도 두루마기를 벗지 않는 법이다.

남정네의 옷은 남좌여우(男左女右)의 원칙을 지켜서 입는 것을 잊지 않아야 한다. 바지는 자칫하면 바지의 앞과 뒤를 바꿔서 입을 수 있으니 주의를 해야 한다. 큰 사폭이 오른쪽으로 가게 입은 다음 허리께에 남은 자락은 오른쪽에서 왼쪽으로 가게끔 잘 접어 허리띠로 흘러내리지 않게 입어야 한다. 이때 허리끈 위쪽으로 남는 부분은 아래로 접어서 내려주어야 한다.

남자 옷은 저고리의 고름도 고름이려니와 대님을 잘 묶어야 흥이 잡히지 않는다. 대님을 묶기 위해서는 우선 바지 끝단의 마루폭선을 안쪽 복사뼈 위에 대야 한다. 그런 다음 발목을 안쪽으로 돌려싸서 바지단을 바깥쪽 복사뼈에 갖다 대고 대님을 두 번 돌려 안쪽 복사뼈 위에서 나비 모양으로 매듭을 짓는다.

바느질하는 아낙의 마음닦기

넉넉해서 여유가 있는 옷, 입으면 입을수록 몸에 붙어 활동하기가 편한 우리옷을 즐겨 입을 일이다. 그렇게 하면 장정 두어 사람이 어깨를 대고 걸어가면 처마가 닿을 듯 좁아빠진 골목에서 거칠게 홀려쓴 "삯바느질 합니다"는 글귀를 되찾을 날이 다가올지도 모를 일이다.

또 아이 옷을 만들기 위해, 남편이 입고 지낼 입성을 짓기 위해 밤을 새울 주부들이 늘어날 것이다. 평면재단으로 맞박음질을 하는 우리옷이기에 이 땅의 여인네라면 그 누구든 조금만 공을 들이면 지을 수 있는 까닭이다.

엄마의 정성어린 손길은 아이와 그 가족에게 뿌듯한 자부심을 심어준다. 이런 엄마 밑에서 자란 아이는 비뚤어질려니 비뚤어져 나갈 틈이 없다. 한계에 부닥칠 때마다 엄마의 자애로

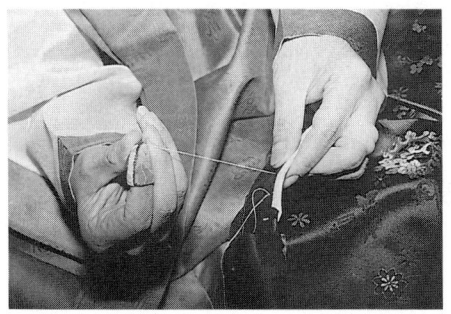

한복의 테는 고름과 새하얀 동정이 있어야 제 빛이 난다. 동정을 달고 있는 여인네의 손끝이 곱다.

운 모습이 불현듯 눈앞에 아른거리니 어찌 다른 길을 걸을 수 있으랴.

바느질을 하고 있는 여인의 모습은 아이들에게 더할 나위 없이 좋은 교육이며 본보기다. 또 아이에게 미치는 교육적인 효과를 접어둔다 하더라도 바느질을 하는 동안에는 온 신경을 바늘 끝에 쏟아야 하니 바느질 하는 본인의 정신 수양에 더할 나위 없이 보탬이 된다.

그런 마음닦기는 남편과 있었던 서운한 감정도, 어쩌다 시누이가 자신의 일에 참견을 해와도, 시어머니가 공연히 며느리에게 트집을 잡아도 크게 마음 상하지 않고 풀어내는 힘을 길러낸다. 한걸음 더 나아가면 상대방의 입장에 서서 자신의 행동을 분석하고, 자신에게 싫은 말, 나쁜 행동을 한 사람을 진심으로 위할 수 있는 넉넉한 마음까지 피어난다.

세상사 모든 일은 뒤집어 생각하면, 너무도 쉽게 풀리고 이해되는 법이다. 기계는 자신에게 주어진 그 능력 이상으로는 더이상 해낼 힘이 없으나, 사람은 사람이기에 더 큰 힘, 도저히 해낼 수 없는 일도 풀어내는 위대한 능력을 갖고 있는 것이다.

풍차바지, 색동저고리, 다홍치마, 오방장두루마기, 배냇저고리, 스란치마, 단속곳, 속속곳, 활옷…. 이름만 들어도 절로 마음이 따뜻해지는 우리옷을 즐겨 입어볼 일이다.

빙빙 도는 물레가 빚은
고난의 상징, 삼베

삼을 째세 쌈을 째세／하루에도 천백 번을／손톱으로 삼을 째서／고운 배나 잘 짜보세／한 올 두 올 째다보니／하루 해가 다 되었네／선녀 같은 어여쁜 손／머슴 손이 다 되었네…

   삼나무 껍질을 손톱으로 잘게 쪼개어 실을 만들던(삼째기) 아낙들이 주거니 받거니 부르던 삼째기 노래다.
   베를 짜는 길쌈은 우리네 옛 여인네들이 짊어진 숙명이었다. 주름살 깊게 패인 칠순, 팔순 할머니치고 '빙빙' 물레 안 돌려본 이 없고, 베틀에 앉아 '털거덕, 턱' 바디집 손에 놀려보지 않은 이 드물다.

흙집 마루에서 졸고 있는 물레. 한 폭의 그림 같은 정경이지만 옛날 여인네에게 물레는 어쩌면 고난한 삶을 안겨준 겁(?)나는 물건이었으리라.

제아무리 용을 쓴들 뼈 녹고, 살이 삭는 힘겨운 일 구덩이에서 벗어날 수 없는 처지였으니 신세 한탄, 설움 녹일 사설이 아낙들의 입 속에 맴도는 건 어찌 보면 당연한 일. 오죽하면 선녀처럼 곱던 손이 머슴처럼 억센 갈퀴손이 되었다 했으랴.

여인네들이 부르던 이런 일노래를 듣노라면 가슴 밑바닥에 묘한 울림이 온다. 카랑한 목청으로 읊조리듯 부르는 노랫말을 귀기울여 듣다보면 콧날이 시큰, 가슴이 싸아, 눈물이 핑그르 핑그르 돈다.

설움을 삭이는 손끝의 예술

하지만 심성 고운 우리네 할머니 또 그 할머니들은 이런 설움을 설움으로만 삭여내지 않았다.

이녁의 몸뚱어리를 부서지게 놀리면서도 자연스런 아름다움, 뛰어난 예술품을 그 손끝을 통해 창조해냈다. 넉넉한 마음씀이 있었다.

질곡과 고난을 이야기할 때 주로 등장하는 삼베만 해도 그렇

베틀에 올라 '철커덕, 턱' 베를 짜는 삼베 무형문화재 '김점순' 할머니. 삼베 올 사이로 그네가 살아온 지난날이 보이는 듯싶다.

다. 잘 짜놓은 삼베를 펼쳐놓고 한참을 쳐다보면, 어찌 사람의 손끝에서 한 올 한 올 이렇게 정교한 옷감이 만들어졌는지 놀랍다.

컴퓨터가 등장하고 첨단 기계가 속속 개발되어 세상에 많은 물건이 쏟아져 나온다 해도 삼베 짜는 일은 아직 옛 모습에서 크게 달라지지 않았다. 많은 공정을 사람의 손끝에 의지해야 삼베가 비로소 모습을 보이니 우리네 할머니들의 손끝이 얼마나 야무지고 정교했는지 알 만하다.

제 몸 낳아준 부모가 이승을 하직하면 그 은덕 기리며 삼년 동안 입었던 삼베옷이나, 나라를 빼앗긴 신라의 마의태자가 그 한을 삭이느라 평생 입고 다녔다는 그 삼베옷도 여인네 꼼꼼한 손놀림이 없었더라면 어찌 존재할 수 있었으랴.

올 사이로 배어드는 바람이 하도 시원해 "베 고의에 방귀 나가듯 한다"는 속담이 즐겨 쓰일 만치 삼베는 여름 무더위를 식혀주는 좋은 옷감이다.

평범한 민초에게 만만하기에 더 정이 가는 입성거리

여름 더위를 식혀내던 옷감으로야 날아갈 듯 사뿐한 세모시도 물론 있다. 그러나 모시가 팔자 좋은 양반의 입성거리였다면, 삼베는 평범한 민초도 쉽게 넘볼 수 있는 만만함이 있기에 왠지 더 정이 간다. 까탈스런 사람보다 털털한 사람이 더 좋아 보이듯 말이다.

물론 이런 만만함만으로 삼베가 좋다는 것은 아니다. 삼베나 모시나 올이 가늘기는 오십보 백보다. 그렇지만 모시는 잘못 다루면 쉽게 바스러져 나들이 할 때 조심스레 입거나, 바람 잘 통하는 누마루에 앉아 한가롭게 부채질 하면서나 입어야 된다.

반면에 삼베는 억세고 질겨 남정네가 물꼬를 보러 논바닥에 나갈 때도, 아낙이 고추밭 매러 밭둑으로 나설 때도 막 입을 수 있었다. 또 옷감이 질기고 튼튼하니 삼베 고의 적삼, 치마 저고리 한 벌 장만하면 족히 10년 이상, 깁고 또 기우면 평생을 입을 수 있으므로 경제적이다.

삼베는 옷을 짓는 옷감으로만 그 운명을 끝내지 않았다. 약을 짤 때 없어서는 안될 약수건도 삼베요, 화려함이 돋보이는 나전칠기를 만들 때 자개 붙임을 위한 나무 판재기에도 삼베를 붙여야 했다. 또 형편이 넉넉한 사람은 삼베로 이불도 만들고 요 위에 까는 홑호청도 만들어 여름날 잠자리를 시원하게 꾸미기도 하였다.

'손질' 때문에 빛을 잃어가는 삼베

하지만 요즘에는 그 쓸모 많던 삼베가 그 빛을 잃어가고 있다. 안타깝다. 삼베로 옷을 지어 입으면 바람 솔솔 살갗을 스치고 지나가 시원한 줄은 아는데, 손질(풀 먹이고, 다리고)하기가 겁나 입을 엄두가 안 난다고 이야기하는 주부도 많다.

그러나 요즘 부인네들이 힘들다고 엄살 부리는 풀 먹이고 다림질하는 수고도 칠순, 팔순 할머니가 직접 베를 짜던 그 시절의 노력에 비하면 새발의 피요, 공자 앞에서 문자 쓰는 거나 다를 게 없다.

삼베 옷감 한 필을 짜려면 여인네는 숱한 나날을 종종걸음을 쳐야 했다. 요새는 이파리로 환각작용을 일으키는 대마초를 피운다 하여 아무나 심을 수 없도록 해놓았지만 옛날에는 여느 골에서나 흔하게 볼 수 있는 식물이 삼나무였다.

삼베를 만드는 재료가 되는 삼나무. 삼나무 줄기에서 실을 잣기까지는 삼굿기, 삼째기, 삼삼기 같은 여러 공정을 거쳐야 한다.

고샅 어귀든, 산비탈 후미진 곳이든 한식을 앞에 둔 음력 이월 그믐께면 삼씨를 밭에 뿌리는 것으로 삼농사는 시작된다. 거름 주고 김을 매어 삼밭을 가꾸다 보면 사람 한 길보다 더 높게 삼나무가 훌쩍 자란다.

모내기 끝나고 논에 피사리를 할 즈음인 음력 유월이면 훌쩍 자란 삼나무를 베어낼 차례. 너무 연할 때 베면 베가 약하고, 대가 너무 여물면 베가 곱지 않으니 적당한 때를 가리는 눈이 필요했다.

베어낸 삼나무는 삼칼로 잎을 따내고 삼의 크기에 따라 단을 지어 삼굿에 쪄야 한다. 다음은 냇가에 큰 돌을 쌓아올리고, 돌 위에 나무를 엇갈리게 쌓아 그 위에 삼단을 차례로 쌓는다. 삼단이 쌓이면 그 위에 풀을 얹고 흙을 덮으면 삼굿기 준비는 끝난다.

다음은 돌 밑에 불을 지필 차례. 돌이 벌겋게 달아오르면 돌에 찬물을 끼얹는다. '피식, 푸시식'…달궈진 돌은 온갖 소리를 내며 거침없이 뜨거운 김을 뿜어낸다. 이 김으로 삼이 누렇게 쪄지면서 구워지는 것이다.

붕어눈을 부릅뜨고 삼는 삼베

삼을 구울 때 여인네는 근접을 못했다. 부정을 타면 삼이 제대로 구워지지 않는다 믿었기에 이 작업은 오로지 남정네들의 힘으로만 이루어졌다. 고된 길쌈을 해야 하는 여인네들의 수고를 덜어주고 싶은 남정네들의 따뜻한 마음이 이런 믿음으로 표출된 것이 아닌가 여겨진다.

잘 구워낸 삼은 껍질을 벗겨 한 묶음씩 묶은 다음 삼째기를 한다. 삼째기는 그날 쪼갤 분량의 삼껍질을 물에 푹 적셔 꼭 짜낸 다음 시작한다. 일이라는 것이 혼자 하면 지루하고 힘이 더 들어가니 아낙은 삼을 쩔 때 여럿이 동무를 해가며 일을 했다.

왼손에 삼껍질을 휘감아쥔 다음 오른쪽 엄지 손톱 끝으로 삼머리(뿌리 쪽 껍질) 쪽을 꼬집어뜯듯 찢으면서 여러 구멍을 만든다. 그 구멍 사이사이에 오른손 손가락을 집어넣어 한꺼번에 훑어내리면 삼째기가 끝난다.

삼을 째고 나면 삼삼기 차례. 삼머리 쪽 올과 삼꼬리(줄기 윗부분 쪽 껍질) 쪽 올을 이어 긴 실을 만드는 삼삼기는 허벅지에 양쪽 부분을 대고 손으로 비비는 일이다. 어찌나 힘든 일이던지 오래도록 하고 나면 허벅지에 멍이 들고 피가 맺힌다.

이런 까닭에 삼을 삼는 아낙에게 일노래가 더욱 필요했는지 모를 일이다.

삼베 올의 굵기를 결정하는 바디.
바디가 촘촘할수록 고운 베가 짜진다.

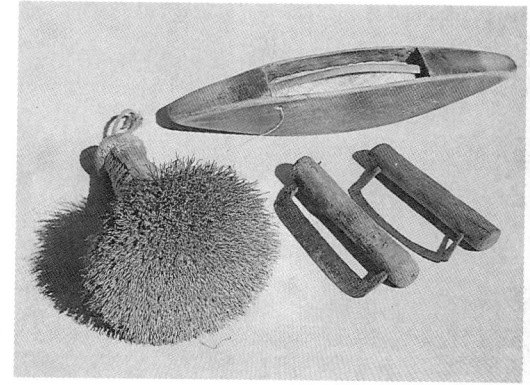

베를 짤 때 없어서는 안될 도구.
왼쪽부터 풀솔과 북, 삼칼이다.

남산선수 관솔가지/앞마당에 피워놓고/곡성석곡 진삼가리/어서 삼고 바삐 삼세/붕에눈을 부릅뜨고/곰배팔을 바삐 놀려/송곳니를 앙물고/어서 삼고 바삐 삼세/올라간다 올라간다/땅떠러지가 올라간다/거는 것이 장원인가/삼는 것이 장원이제

얼마나 일이 많으면 밤중에 관솔불까지 피워놓고 일을 하느라 잠이 와 조린 눈을 붕어눈처럼 크게 뜨고 어서 바삐 삼을

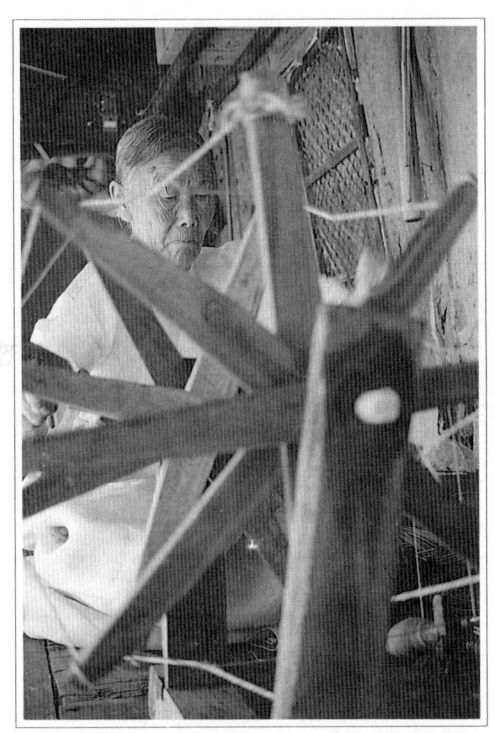

베틀에 앉은 아낙은 오줌이 마려워도, 어지간히 배가 고파도 좀체 베틀에서 내려올 생각을 못한다. 자리를 떴다 다시 베를 짜면 그전의 솜씨와는 뭐가 달라도 달라져 베 바닥에 표가 나기 때문이다.

삼자고 노래했을까.

　삼아진 삼은 물레를 돌려 실이 여러 겹 꼬이게 실잣기를 하고, 그 실을 타래를 만드는 실것 올리기를 하고, 흐르는 물에 몇 번이고 흔들어 빨아 실것 내리기를 하여 삼실을 덩어리로 뭉쳐놓는다. 이런 작업들은 삼실을 희고 깨끗하게, 더욱 질기게 만들기 위한 일이었다.

　이 과정이 끝나도 베를 짜기는 아직 이르다. 날실을 만드는 베날기와 날실을 바디 구멍 하나하나마다 꿰어넣고 풀을 먹이는 베매기의 고된 일이 아낙의 손길을 기다린다.

베짜기에 담긴 아낙의 고통과 염원

　베매기가 끝나면 아낙은 졸린 눈을 비벼가며 베를 짠다.

　베틀에 올라앉아 오른발에 베틀신을 꿰어신고 엉덩이에 부티를 둘러차면 이제부터 아낙은 베를 짜는 직녀다. 은하수 옆에서 견우 만나기를 학수고대하는 하늘의 직녀가 아니라 곱디고운 베를 짜내는 살아있는 직녀인 것이다.

　아낙이 베틀신을 신은 오른발을 잡아당기면 날실이 따라 올라가 북이 드나들 만한 공간(북길)이 열린다. 이 틈새로 잽싸게 북을 끼었다 빼낸 다음 바디집을 힘껏 몸 앞으로 잡아당기면 날실 사이에 씨실이 단단히 끼여 들어가며 베가 짜지기 시작한다.

　'철커덕 턱, 철커덕 턱' 아낙의 발과 손이 움직일 때마다 베틀은 요란한 소리를 낸다. 베틀에 앉은 아낙은 오줌이 마려워도, 어지간히 배가 고파도 좀체 베틀에서 내려올 생각을 못한다. 자리를 떴다 다시 베를 짜면 그전의 솜씨와는 뭐가 달라도 달라져 베 바닥에 표가 나기 때문이다.

  이렇게 힘들고 긴 작업을 통해 짜낸 베는 장거리에 나가 쌀이 되거나, 비린 간고등어가 되어 돌아오기도 했다. 집안 살림에 녹녹치 않은 가용이 되어주었던 것이다.

  우리네 어머니, 그 어머니들이 해왔던 베짜기가 이렇게도 어렵고 힘들었기에 "길쌈은 배우면 업이 되고 못 배우면 복이 된다"는 이야기가 안동포로 유명한 안동에서는 아직도 전해져 내려온다 한다.

  올 여름에는 고의에 방귀 새나가듯 바람 솔솔 나는 삼베로 옷 한 벌 지어 입어보는 것은 어떨까.

  삼베니 모시니 하는 옷은 돈 많은 사람이나, 옛날 것만 뚜르르 밝히는 요상한 사람들만 입는 것이려니 생각하는 분이라면 '팔자 좋은 소리 하고 있네.…' 코웃음 칠 일이 될지 모르지만 말이다.

어머니의 가족을 위한 희생정신을 되새겨보며

  하지만 포목점이 밀집해 있는 서울의 동대문시장까지 굳이 나가지 않더라도 삼베 구하는 일은 어렵지 않다. 물론 값 또한 질에 따라 다양하니 자신의 형편에 비해 조금 부담스럽다 해도 삼베옷 한 벌 장만해두면 평생을 두고 입을 만큼 옷감이 질기고, 유행 또한 타지 않는 것이니 눈 찔끔 감고 욕심을 내어볼 만하다.

  정히 형편이 안 된다면 꼭 삼베 적삼에, 삼베 치마를 입으라는 법은 없으니 치마가 되었든 적삼이 되었든 자신의 형편에 맞춰 그 분량만큼만 옷감을 끊어도 될 듯하다.

베짜기가 어렵고 힘들었기에 "길쌈은 배우면 업이 되고 못 배우면 복이 된다"는 이야기가 안동포로 유명한 안동에서는 아직도 전해져 내려온다고 한다.

올 여름에 우리네 전통 옷감인 삼베로 만든 입성을 걸치고 거리를 활보하는 남정네나 여인네가 많아졌으면 한다. 그런 전통 차림을 통해 우리네 어머니들의 가족을 위한 강한 희생정신도 다시금 되새기고, 경제적으로 실용성 뛰어난 조상들의 삶의 궤적도 되돌아보고….

전통 문화를 지켜나가는 일이 먼 곳에 있는 공허한 구호가 아니라 마음 먹기 따라 생활 속에서 얼마든지 쉽게 이어갈 수 있다는 사실을 새겨둘 필요가 있을 것 같다.

제 3 부
피와 살, 뼈를 만든 먹을거리

맛의 고향, 가문의 맥박이 느껴지는 간장

양지볕 한켠에 숨은 듯 잠자는 듯 올망졸망 자리잡은 장독대. 철마다 민들레, 채송화를 번갈아 피워가며 엷은 향기를 뿜어낸다. 이곳에는 여인네의 드러나지 않는 삶이 진하게 배어 있다.

시어머니에게서 며느리로, 또 시어머니에게서 그 며느리로 얼굴만 바뀔 뿐 안주인의 손길이 끊임없이 이어지는 금남(禁男)의 성역이다. 요즘 흔해 빠진 요리백과가 한권도 없었어도 수백년 수천년 가문의 손맛이 이어올 수 있었던 것은 장독대라는 공간이 있기에 가능했으리라.

반질반질 윤기가 도는 장독을 보면 안주인의 살뜰함이 곧이 곧대로 드러난다. 장독에 먼지가 켜켜이 끼어 있거나, 빗방울 후드둑 떨어진 자욱이 장독 항아리의 몸뚱어리에 맑은 날에도 그대로 남아 있다면, 그 집 음식은 먹어보나 마나이다. 게으른 안주인의 손에서 만들어진 음식이니 모양새도 볼품 없고, 맛도 없을 것은 뻔한 이치.

음식 솜씨 좋은 아낙일수록 장독대를 자주 들락거린다. 똑같은 재료라도 요리조리 솜씨를 부리려면 간장·된장·젓갈 등의 양념을 많이 써야 할 테니 말이다. 살뜰한 아낙이 장독대에서 간장을 뜨고, 된장을 뜨고, 된장에 박은 장아찌를 꺼내오면서 그냥 돌아서는 법이 있겠는가.

검붉은 옹기에는 먼지도 잘 앉고, 더러움도 잘 타는 법. "에이구, 벌써 송화가루 날리실 때가 왔구만." 혼잣소리를 내뱉으며, 우물가에서 물 한 바가지 떠와서 항아리 구석구석을 쓰다듬듯 훔쳐내야만 성이 찼으리라.

불평없이 곰삭아주는 항아리 속 간장

장독대에는 큰 항아리, 작은 항아리들이 마치 군인이 열병하듯 줄을 지어 서 있게 마련이다. 큰 항아리는 몇 대에 걸쳐 대물림하게 마련이어서 잘 우러난 간장이 그득하게 담겨 있다. 작은 항아리 속에는 묵은 간장, 된장들이 얌전히 들어 있다. 이들 항아리 속의 식품들은 주인네 뱃속에 들어가 피와 살이 되기 위해 제 몸뚱어리에 감꽃이 떨어져도, 세찬 비바람이 몰아와도 아무 불평 없이 곰삭아준다.

애기 다루듯 조심조심 다뤄도 어쩌다 보면 항아리의 입이 나가거나 실금이 가기도 하는 법. 이런 항아리의 뚜껑을 열어보면 굵은 소금 한가득, 잘 말린 굴비 한 두름이 어김없이 들어 있게 마련이었다. 옛날에는 모든 재화가 귀했던 시절. 이빠진 항아리도 못 버리고 이렇게 용도를 바꿔썼다. 멀쩡한 물건이 구식됐다고 털끝만큼의 죄의식도 없이 마구잡이로 버려대는 요즘의 헤픈 씀씀이를 이빠진 항아리가 꾸짖고 있을지 모를 일이다.

장독대의 우두머리, 간장독

음식 맛은 장맛이라던가. 장독대의 우두머리는 간장독이다. 간장은 음식을 만들 때 한 방울이 들어가든, 한 국자가 들어가든 빼놓을 수 없는 소중한 양념인 까닭이다.

어머니가 만들어주신 음식은 아무리 볼품 없어도, 쓴맛은 쓴맛대로, 신맛은 신맛대로, 단맛은 단맛대로, 짠맛은 짠맛대로, 매운맛은 매운맛대로 달고 맛이 있었다. 입에 달라붙는 끈기가 있었다.

사람들은 힘들고 괴로울 때 고향을 생각한다. 고향은 현실의 고통을 극복해내고 앞을 향해 달려갈 수 있는 용기를 얻게 한다. 고향이라는 이야기만 들어도 가슴 한켠이 뭉클해지는 까닭은 그 속에 우리를 낳고 길러주신 어머니가 자리잡고 있어서이다. 고향은 곧 어머니다. 고향은 등이 가렵다면 뭉툭한 손으로 시원하게 긁어주시고, 배고플 땐 맛난 음식을 만들어주시던 어머니의 손맛 자체다.

그렇다면 어머니의 손맛은 어떤 것일까. 그 손맛은 어떤 음식에든 약방의 감초로 들어가는 간장이 내주는 맛이다. 어머니가 정성, 정성을 또 기울여 만든 그 장맛 아닌가. 하지만 요즘

간장 담기는 사실상 메주쑤기부터 시작된다. '포르르' 끓어넘치는 콩 삶는 내음은 고소했다.

의 현실은 어떤가. 동네 슈퍼에서 천 원 남짓한 돈을 주면 쉽게 구할 수 있는 것을 미련스럽게 메주 쑤고, 소금 풀어 담그고, 달여내는 일을 하느냐며 간장 담그기를 포기하거나 아예 담글 줄도 모르는 주부가 태반이다.

좋다. 몸 고생하지 않고 살 수 있는 것은 환영할 일이다. 또 그 시간을 좀더 효율적으로 활용한다면 훨씬 경제적이리라. 그러나 엄마인 본인이 세상을 떠나고 아이들이 어른으로 자라난 그 뒷날을 생각해보자.

힘들고 괴로울 때 위안의 대상이 되고, 새로운 용기를 샘 솟게 하는 그 고향을 슈퍼마켓에서 돈 천 원으로 찾아낼 수 있을까. 세 살 먹은 아이라도 "어림없는 일이에요" 할 것이다.

엄마가 몸 편하겠다는 이유 하나만으로 우리 2세들에게 고향을 빼앗아버려도 되는 걸까. 아이 잘 키우겠다고 한 과목에 몇 십만 원씩 하는 고액 과외는 눈 하나 깜짝하지 않고 시키면서 일년에 넉넉 잡아 3일만 고생하면 해결되는 장 담그기를 경제성 운운하면서 포기해도 되는 걸까.

하지만 이런 형편에도 꿋꿋하게 간장 담그는 일을 이어가는 집안도 있다. 전라도 함평 땅의 함평 이씨 한 집안에서는 2백 년 묵은 간장이 전해져 내려온다. 읍내에서 만경댁으로 불리는 이 집에는 2백 년 전 할머니가 담갔던 간장독이 턱 하니 버티고 있다. 따로따로 구분지어져 있는 이들 항아리는 1대 할머니(조모) 항아리, 2대 할머니(증조모) 항아리, 3대 할머니(고조모) 항아리라고 이름이 붙어 있다. 매년 간장을 달일 때마다 이들 항아리에 조금씩 간장을 보태어 2백 년이 넘게 그 간장 맛을 이어가는 것이다.

이런 까닭에 만경댁의 간장은 근동에서 약이라고 소문이 나 있다. 약이 귀했던 시절, 입맛이 없거나 몸이 아픈 사람들이 이 간장을 얻어다가 죽도 쑤어먹고, 그냥 마시기도 하면서 병을 물리쳤다는 것이다. 이 얼마나 듣기 좋은 이야기인가. 수백년 전 할머니가 만든 간장으로 어려운 이웃들에게 보시를 할 수 있으니 말이다.

간장 담그는 날을 가정의 축제일로…

자, 이제라도 늦지 않았다. 아직까지는 제대로 된 고향 맛을 전할 수 있는 어른들이 생존해 계신다. 담글 줄 모르면 이분들에게 묻자. 물어도 안 될 경우는 제집에 모셔다가 간장 담그는 법을 배워보자. 간장 담그는 날을 가정의 축제일로 삼는다면 정서가 메말라간다고 그 누구나 입버릇처럼 걱정하는 일은 덜어지지 않을까.

무서리가 내린 시월 상달 어느 말날(일간이 갑오, 을오, 병오 등으로 끝나는 날). 가을걷이 뒤끝이라 법석 떨 일이 달리 없는데 이 날만큼은 안주인의 발걸음이 분주하다. 대청으로, 곳간으로, 정재로….

삶아진 메주콩을 집어먹는 재미를 요즘 아이들에게도 전해줄 수는 없을까.

치맛자락 붙들고 꽁무니를 따라다니는 코흘리개 아들놈에게 저만치 떨어지라고 알밤을 쥐어박기도 했지만, 이 날만큼은 너그럽다. 벽장에 숨겨놨던 엿가락까지 "옛다 너 먹어라" 입에 물리며 아랫말 윗말에 사는 아랫동서네, 조카 며느리네로 빨리 건너오라는 심부름을 보낸다.

장작개비 아까워 짚단만 쑤셔넣던 아궁이는 이 날 모처럼 호강한다. 짚단은 불이 '화르르' 붙었다가 사그라들지만, 장작개비는 같은 화력을 오래도록 간직해 콩을 뭉근하게 삶을 수 있어 좋다.

"여보게, 동서 불 좀 잘 넣소"

"성님, 장작개비가 덜 몰랐는 갑소 으째 요러코롬 불이 내인다요."

간만에 붙여보는 장작불인지라 연기에 눈물을 찔끔거리며 주고받는 동서간의 대화 속에 정이 스민다. 아이들 이야기, 다가올 시어머니 제수 마련 이야기…두런두런 이야기를 주고받다

절구에 콩을 넣고 '쿵덕쿵 쿵덕쿵' 용을 쓰면 메주 뭉치기 좋을 만치 찧어진다.

보면 달콤한 콩냄새가 코 끝을 후빈다. 부르르 콩물이 한 번 넘는다.

"아따! 동서 애썼네."

"애는 무슨 애다요 부지깽이 몇 번 뒤적거렸지라."

"이 사람, 이따가 메주도 찧어야 헐 것 아닌갑네."

동서간의 웃음소리가 처마 끝을 휘감고 사라지면 장작개비를 빼낸다. 한소끔 끓었으니 뜸을 들이는 것이다. 며칠 전 3대 봉사 지난 윗대 조상들을 시제 모실 때 쓰고 남은 떡은 김 포옥 오르게 쪄낸다. 김치가닥 찢어얹어 새참이라고 먹고 나면 아궁이는 또 다시 호강을 한다. 이글이글 장작불이 또 다시 아궁이

를 가득 채운다.

자꾸 뒤적거려야 콩이 고르게 익어

또 다시 '부르르 부르르' 콩물이 넘친다. 이 기회를 놓치랴. 안주인은 가마솥 뚜껑을 비껴열고, 거짓말 보태면 사람 키만한 나무주걱으로 콩을 휘휘 내젓는다. 자꾸 뒤적거려야 콩이 고르게 익는다. 희멀건 콩이 황갈색 물그레하게 변하면, 손가락으로 비벼도 보고 입 속에 넣고 오물오물 맛도 본다.

"어이~ 동서 불 그만 때도 되것네. 잘 삶아졌는디."

이제 콩을 건져낼 차례. 뜨거운 김이 손 끝에 닿는 것쯤 문제 없다. 바가지에 고봉으로 콩을 건져 소쿠리에 밭친다. 물기를 대충 뺀 소쿠리는 절구통으로 옮겨간다. 남정네가 많은 집에서는 절구질은 이들 차지. 김이 모락모락 나는 콩이 절구공이에 붙어 하늘을 오르락내리락 한다.

땅 따먹기, 술래잡기를 하던 아이들도 이때쯤이면 쪼르르 절구통으로 몰려온다. 소쿠리에서 하얀 김을 모락모락 내는 콩을 집어먹을 욕심으로…. 안주인은 손을 내저으며 저리 가라고 호통을 치지만, 시늉만 할 뿐 눈감아준다. 댕기머리 적 맛보았던 메주콩 맛을 잘 아는 까닭이다.

콩 쪽이 드문드문 보일 만큼 찧어지면 안주인은 손에 물을 묻혀가며 너무 두껍지도 얇지도 않게 메주를 만든다. 나무로 만든 메주틀이 있는 집에서는 틀 속에 보자기를 깔고 찧은 메주를 넣고 다시 보자기를 덮은 다음 발로 꾹꾹 눌러밟았다.

남정네들이 이마에 송글송글 땀방울이 맺히도록 절구공이를 콩콩 들었다 내렸다 해본들 안주인의 메주 만드는 솜씨가 더

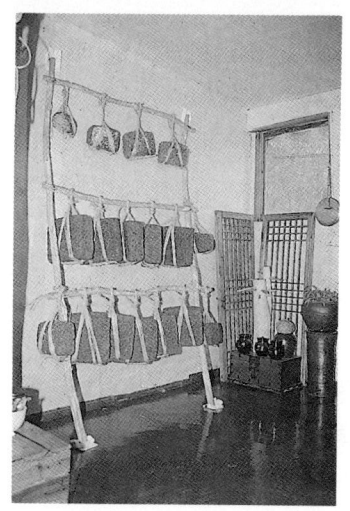

메주 뜨는 방에서 나던 쿰쿰한 내음은 바로 고향의 냄새가 아닐까. 단정하게 매달은 메주걸이가 눈시리도록 멋지다.

날래진다.
"아제, 시방 힘쓰요? 안 쓰요 아따 그래갖꼬 어따가 써묵것소 띠어다가 옆집 멍멍이 줘부릿시요."

찧어놓은 메주도 맛이 그만인 법

안주인이 손아래 시동생에게 농을 던지면 한바탕 웃음꽃이 핀다. 아이들은 메주를 만드는 대청마루에도 고개를 기웃기웃. 찧어놓은 메주도 맛이 그만인 법이기 때문.

시월 상달 그믐은 해가 짧다. 아직 만들어야 할 메주가 수월찮은데 서산마루에 해가 걸린다. 만들어놓은 메주는 메주를 띄우는 방이나, 형편이 여의찮으면 건넌방 윗목에 지푸라기를 깔고 옮긴다. 한 열흘 꾸득꾸득 말린 메주는 지푸라기로 단단하게 묶어 다시 천정이나 시렁에 매달린다.

들창문 밖 감나무에 매달린 까치밥 홍시가 얼었다 녹았다를 반복하는 긴 겨울, 메주는 시렁에 매달려 계절을 난다. 간간이 남정네들이 벌이는 묵 내기 투전판이나, 화롯불에 고구마며 군밤을 구워먹으며 할아버지가 손주에게 들려주는 호랑이 담배 먹던 애기를 보고 들으며 자연스럽게 그 집의 식구가 되어간다. 구수한 제 몸 냄새를 방문을 여닫을 때마다 온 집안에 솔솔 풍겨내어 안주인에게 든든한 위안을 주면서….

곶감 속처럼 검고 노리끼하게 잘 뜬 메주는 간장 담기 일주일 전쯤, 문 밖 외출을 한다. 바람 잘 통하고 햇볕 잘 드는 곳에서 메주는 간장이 되기 위한 마지막 기다림을 한다.

손 없는 길일 말날을 택해 간장을 담는데…

빠른 집은 정월 첫 말날을 택해 간장을 담는다. 말날을 잡는 까닭은 간장이 말의 피처럼 검게 잘 우러나기를 바라는 간절한 마음이 있어서이다. 말의 피가 검정색일 리야 물론 없겠지만, 선홍빛 피 색깔이 진하면 검게 보일 수 있는 터. 과학적이고 합리적인 것은 여기서는 접어두자.

적어도 말날 이틀 전, 안주인은 정성들여 띄운 메주를 찬물에 깨끗이 씻어 말린다. 손끝이 야무진 안주인은 말날 하루 전 소금을 녹여낸다. 소쿠리에 소금을 담아 큰 그릇 위에 걸쳐놓고 바가지로 물을 붓고 또 부어 천천히 소금을 밭친다.

드디어 말날 아침이다. 미리 물을 담가 우려낸 항아리를 깨끗이 씻어 말리는 일이 첫째다. 만만한 손아랫동서를 불러올릴 법도 하지만, 메주 쑬 때 고생시킨 것도 미안하고 혹시나 부정이 타면 장맛 버릴까봐 손수 한다.

길게 잘라낸 한지에 불을 붙여 잘 씻어 말려둔 항아리 속으로 집어넣는다. 항아리 속에 불기운을 대어 잡균을 없애기 위해서이다. 소독을 하고 나면 물을 부을 차례다. 메주 한 덩이, 소금 한 바지기, 물 셋의 비율로 대중을 잡는다. 물을 잡을 때 안주인은 망설인다. 몇 십년을 한결같이 해온 일이지만 왠지 가슴이 떨린다.

달걀로 염도를 측정
"달걀, 싸게 갖고 오그라."

장독대에 얼씬도 못하게 한 아이를 불러세워 달걀 심부름을 시킨다. 달걀이 손에 건네지면 항아리 속에 넣어본다. 염도가 적당한가 알아보기 위해서이다.

"그럼 그렇지."

저울로 잰 듯 정확한 안주인의 손저울이 고장날 리가 있겠는가. 달걀이 3분의 1 정도 소금물 밖으로 둥실 떠오른다. 염도가 잘 맞았다는 증거다.

이제는 겨우내 흘끔 보고, 살뜰 보고, 만져보고, 눌러보고, 킁킁 냄새 맡으며 잘 뜨는지 안 뜨는지 공력을 들였던 메주와의 이별이다. 이도령과 춘향이의 이별처럼 애절한 것이 아니다. 내 식구 피가 되고 살이 될 간장이 될 터이니 지화자 좋을시구이다.

메주를 한 덩이 넣어본다. '풍덩'. '혹시 안 떠오르면 어쩌나' 하는 조바심에 안주인의 목에 침이 꼴깍 넘어간다. 메주가 두둥실 떠오른다. 나머지 메주도 모두 넣는다. 이제 장 담그기의 중요한 과정은 모두 끝난 셈. 그렇다고 뚜껑 닫고 뒤돌아설 수는 없는 노릇.

장독대 한켠에 준비해둔 항아리 뚜껑을 들고 온다. 잘 닦아놓아 번질번질 윤이 나는 고추, 대추가 유난히 붉다. 씨알 굵은 통깨도 볼품 있다.

목련꽃 흐드러지게 핀 장독대는 구례 운조루 안채에서 다소곳이 숨을 죽이고 있다. 그 장독에서 장은 익어간다. 비바람 맞으면서…

하나하나 정성 들여 항아리 속으로 넣는다.

고추는 색깔이 진하게 우러나고 매운 맛을 내달라고, 대추는 달크작한 단맛을 내달라고, 안 볶은 참깨는 고소한 맛을 내달라고 마음속으로 빌고 또 빈다.

간장 담그기 대단원은 불에 달군 참숯을 넣는 것으로 끝이 난다. 참숯은 간장의 잡냄새를 제거하고 소독 기능도 한다. 고추, 숯을 함께 섞어 새끼를 꼬아 항아리 주둥아리를 감싼다. 창호지에 버선 모양을 오려 항아리에 거꾸로 붙인다. 이 모두가 부정 타지 말라는 것이다. 펴지지 않는 허리를 억지로 펴고 안주인은 뚜껑을 닫는다.

3이라는 숫자에 담긴 신앙심

우리에게 3이라는 숫자는 여러가지 의미가 있다. 삼세판, 듣기 좋은 노래도 세자리 반, 삼칠일, 하늘 땅 사람의 삼계…안주인은 아무리 궁금해도 사흘 동안은 장 항아리를 열어보지 않는다. 3이라는 숫자에 대한 막연한 신앙심이 있어서이다.

또 그 사흘 동안 하늘의 맛, 땅의 맛, 사람의 맛이 푹 우러나라고 기원하는 것인지도 모를 일.

장 담근 지 사흘이 지나면, 안주인은 햇볕 잘 드는 한낮 뚜껑을 열었다가 밤 이슬이 내리기 전이면 뚜껑을 닫는 일을 반복한다. 이렇게 뚜껑을 여닫는 동안 간장은 점차 진하게 색이 우러난다.

앞마당에 장독대에 이름 모를 풀꽃이 피었다 지고, 강남 갔던 제비도 돌아오고, 추녀 끝에 매달린 풍경이 한가롭게 맑은 소리를 내는 동안 간장은 익어간다. 여인네의 이마에 잔주름도 늘어간다.

 간장을 담근 지 달포가 지나면 날 좋은 날을 골라 간장을 뜬다. 맛 내라고 위에 띄웠던 참숯, 고추, 대추, 참깨를 건져내고 체에 밭친다. 간장을 다른 항아리로 옮겨 담는다.

 간장을 뜨고 난 메주는 두엄통이나 텃밭으로 내던져지지 않는다. 또 제몫을 할 일이 있다. 간장에 푹 절은 메주를 함지박에 옮겨담아 주물주물 된장을 만든다. 소금으로 간을 맞추면서 잘 치대고 나면 잘 씻어둔 항아리에 된장을 꼭꼭 눌러 담는다. 윗부분에 소금을 듬뿍 올리는 일도 잊지 않는다. 그 이후 한 달. 아낙네는 잘 삭은 햇된장에 무 송송 썰어넣고 토장국 한 그릇 밥상에 올린다. 올 일년 먹을 기본 양념 갈무리가 끝난 셈이다.

자연의 생기, 기운을 실은 나물

한푼두푼 돈나물 / 쑥쑥 뽑아 나신개 / 이개저개 지칭개 / 잡아뜯어 꽃다지 / 오용조용 말매물 / 휘휘돌아 물레동이 / 길에 가면 질갱이 / 골에 가면 고사리 / 칩다꺾어 고사리 / 나립꺾어 고사리 / 어영구부영 활나물 / 한푼두푼 돈나물 / 매끈매끈 기름나물 / 돌돌말여 고비나물 / 칭칭 감아 감돌래 / 잡아뜯어 꽃다지 / 쑥쑥 뽑아 나신개 / 어영 저영 말맹이 / 이개저개 지칭개 / 진미백송 잣나물 / 만병통치 삽추나물 / 향기만구 시금치 / 사시장춘 대나물

아낙들이, 댕기머리 가슴 부픈 큰애기들이 상큼한 봄나물들을 뜯으며 구성지게 불러대던 <나물노래>는 우리 주변에 이제 더이상 들려오지 않는다.

세상이 변해도 한참 변했기에 굳이 들판으로, 산으로 나물을

햇살은 따사롭고 바람 끝은 매운날 여인 3대가 나물을 캐러 나섰다. '한푼 두푼 돈나물'을 뜯는 것일까.

뜯으러 가지 않아도 제철보다 한걸음 두걸음 앞서 동네 슈퍼에, 불빛 휘황한 백화점 식품 판매대에 온갖 나물들이 진을 치고 있는 까닭이다.

하긴 요즘 사람들은 이런 나물보다 양상추, 셀러리에 마요네즈 듬뿍 끼얹은 서양 샐러드를 먹어야만 비타민도 더 많이 먹고 입맛도 세련된 것인 양 여기기도 하지만….

처자의 나물 캐는 정경에 봄은 익어가고…

아지랑이 아물아물, 여인네 치마꼬리 봄바람에 하늘하늘… 들판에 파릇한 봄 기운이 들불처럼 퍼져 나가면 우리네 어머니들은, 댕기머리 큰애기들은 풀려진 날씨만큼 가슴 한켠에 등실 봄바람이 일렁거렸다. 양지볕 논둑에, 대보름에 쥐불 놓아 거뭇해진 밭둑에, 손 닿으면 후드득 물 떨어질 것 같은 물오른 나뭇가지 실바람에, 흔들리는 산비탈에 불쑥불쑥 솟아나올 연두색 새파란 나물들이 눈앞에 아른거렸기 때문이다.

대동강 얼음 풀린다는 우수가 지나고, 개구리 풀쩍 뛰어오르는 경칩이 넘어서면 아낙은 해가 중천에 걸려 더없이 햇살 좋은 시간 소쿠리, 망태기 옆에 끼고 사립문을 밀며 집을 나섰다. 그만그만한 토담이 꼬리에 꼬리를 물고 이어진 구불구불한 고샅길을 바쁠 것 없이 걷던 아낙은 발뒤꿈치 들어 깨금발을 딛어 토담 위로 고개를 쑥 빼들고 나물 뜯을 동무를 모집했다.

"한실댁, 나물 뜯으러 안 갈라우~."

"끝순아 쑥 캐러 가~자!"

삽살개, 누렁이가 인기척에 밥값 하느라 컹컹 짖는 소리, 오줌싸개 아들놈 또 쉬했다고 지청구하는 운암댁 쇳소리, 양잿물 풀어 묶은 빨래 통통 두들기는 소리… 이런 소리들과 뒤섞인 나물 뜯을 동무를 모으는 구수한 목소리는 인적 드문 고샅을 잠깨우는 신바람 나는 화음이었다. 또 봄이 무르익는 소리였다.

소쿠리, 망태기 허리에 끼고 한 손에는 날 무딘 호미와 무쇠칼 달랑 들고 아낙이 하나둘 모습을 나타내면 이들은 양지녘 논둑으로, 밭둑으로 길을 나섰다.

"날씨 한번 조~오~타."

나물 뜯으러 가는 길에는 볕 좋은 날씨가 빠질 수 없는 화젯거리였다. 얼굴을 간지럽히는 봄바람에 아직까지 매운 기가 남아 있어도 까짓 문제될 것 없었다. 겨우내 집안에서 종종걸음을 치다가 오랜만에 동구 밖 외출이니 어찌 신바람이 나지 않겠는가.

어릴 적 친정에서 자랄 때 이렇게 볕 좋은 봄날이면 고샅에서 함께 뛰놀던 사방치기 동무 순이 얼굴도 떠오르고, 장에 갔다 돌아오던 어머니가 할머니 몰래 입 속에 쏙 넣어주던 말랑말랑한 엿도 생각나고….

연한 이파리가 어찌 그 추운 겨울을 났을꼬…
자칫 걸음을 잘못 떼면 발이 푹 빠지는 논두렁이나 밭두렁의 양지 볕을 찾아나서던 아낙들은 저마다의 가슴속에 잠자던 추억거리 하나쯤 꺼내서 호박엿 녹여 먹듯 생각에 잠겼다.
자! 이제 쑥도 뜯고, 냉이도 캐고, 달래도 캘 차례. 파릇파릇 나물이 돋아 있는 들판을 찾아내면 아낙들은 제각기 널찍하게 자리를 차지했다. 머리를 맞댈 만큼 가깝게 자리를 차지하면, 남보다 더 많이 뜯을 욕심에 마음이 급해 나물밭이 망쳐지기 때문이다.
맨 처음 뜯은 솜털 보송보송한 쑥 이파리를 아낙은 코 끝에 대어본다. 이것은 아낙이 호흡하는 자연이요, 봄의 느낌이다.

거친 겨울을 이기고 입술을
내민 나물은 봄을 알리는
서곡이다.

쑥 이파리가 훅 풍겨내는 상큼한 내음이 세상 그 어떤 향기에 비할 바 아니다.

'어찌 이렇게 연하디 연한 풀 이파리가 그 추운 겨울을 났을꼬…'

아낙은 작은 쑥 이파리 하나를 뜯으면서도 자연의 신비와 생명의 끈질김, 강인함에 절로 경외감을 느껴 혼잣말을 중얼거린다. 또 쑥 이파리 하나, 냉이 한 뿌리, 씀바귀 한 뿌리에서 아낙은 자신의 고단한 신세를 이겨낼 용기를 얻기도 한다.

'미물인 풀 한 포기도 그 추운 겨울을 굳세게 넘겼는데 하물며 만물의 영장, 사람인 내가 세상살이 제아무리 어렵다 한들 이겨내지 못할까 보냐!'

소쿠리에, 망태기에 뜯어낸 봄나물이 수북히 쌓여갈 때쯤이면 흥 많은 아낙 하나가 으레 노래 한 곡조 뽑게 마련이었다.

산천에 풀잎은／저점점 푸르나자는데／아까운 내 청춘아／저점점 늙어간다／세월 봄처럼／오가지 마라／아까운 내 청춘／늙어나 진다…

잘 말린 나물은 일년 내내 요긴하게 쓰인다. 나물을 말릴 때는 생나물은 음지에서, 물에 데친 것은 볕에 널어 말리는 것이 요령이다.

또 쑥 이파리 하나, 냉이 한 뿌리, 씀바귀 한 뿌리에서 아낙은 자신의 고단한 신세를 이겨 낼 용기를 얻기도 한다.

그 노래는 세월이 덧없이 흐르는 것을 한탄하는 청춘가 한 대목이 되기도 했고, 고추 당초보다 맵다는 시집살이를 노래하는 것이기도 했다.

무남독녀 외딸애기／금지옥엽 길러내어／시집살이 보내면서／어머니의 하는 말이／시집살이 말 많단다／보고도 못 본 체／듣고도 못 들은 체／말 없어야 잘산단다…

한 곡조 한 곡조 노랫가락이 더해가면 '조~오~타' 흥을 맞추던 다른 아낙들도 흥에 못이겨 어깨춤을 들썩였다. 아지랑이 피어오르는 빈 들판에 난데없는 즉흥 무대가 펼쳐졌던 것이다.

소쿠리 속 전리품 품평회?

사설가락 어깨춤이 한바탕 끝나면 아낙들은 무딘 칼로 풀섶을 헤치며 나물 뜯는 일에 다시 열중했다. 햇살이 따사로운 기운을 잃고 길게 늘어지면 아낙들은 집으로 돌아갈 채비를 서둘렀다. 나물을 뜯는다고 식구들 저녁을 거를 수는 없기 때문이다.

쪼그려 앉은 까닭에 허리가 곧추 펴지지 않는다. 힘겹게 편 허리를 한손으로 툭툭 두들기며 집을 향해 논둑, 밭둑 길을 되짚어 돌아가는 아낙들은 비록 몸은 고달퍼도 마음만은 날아갈 듯 가뿐했다. 솜털이 하얀 쑥으로 된장 풀어 국을 끓이고, 씨알 굵은 달래로는 달래 간장을 만들고, 냉이는 슬쩍 데쳐 조물조물 고추장 초무침을 해서 상을 차릴 생각을 하면 먹지 않아도 배부르고, 세상 다 얻은 듯 마음이 둥실 떠올라 행복하기만 했다.
집으로 돌아오는 길에 아낙들이 거르지 않는 행사가 또 있다. 다른 아낙이 허리에 낀 소쿠리 속을 들여다보며 그날의 전리품(?)을 품평하는 일이다.
"한실댁은 욕심도 많네! 언제 이리도 많이 뜯었나?"
"나는 씀바귀라고는 코빼기도 안 보이던데 쇠똥엄니는 웬 씀바귀를 그리 많이 캤다냐?"
하지만 이런 부러움도 잠깐. 내일 모레 손 비는 날 들판에 또 나오면 하루가 다르게 입술을 내민 쑥, 냉이, 달래, 고사리 들이 방긋방긋 웃으며 아낙의 행차를 기다리고 있을 터. 다음을 기약하며 아쉬운 자신의 바구니를 만지작거린다.

쑥된장국에는 뜨물이 들어가야 제맛
빼꼼히 열린 사립문을 통해 집으로 들어가면, 맨날 저지레질만 피워 아낙에게 혼구멍만 나는 누렁이가 그래도 제 주인이라고 꼬리를 흔들며 반긴다. 날 빼놓고 어디를 갔다 왔느냐는 듯 소쿠리에 코를 들이박으며 킁킁 제 먹을 것 있는지 틈을 보지만 아낙이 누렁이에게 매몰차기는 매한가지다.
"저리 가! 이놈아~."
소쿠리에 쑥이며 냉이며 달래며 들판에서 캐내온 나물들을 제각각 씻어서 건져낸 다음 아낙은 쌀 일어 가마솥에 밥을 안친다. 쌀을 두어 번 씻고 난 다음에 나온 뜨물을 아낙이 바가지에 받아두는 일을 잊을 리 없다. 쑥 된장국에는 뜨물이 들어가야 구수한 제맛이 살기 때문이다.
데칠 것은 데치고, 날로 무칠 것은 생으로 무쳐서 밥상에 올

기름에 두르고, 된장에 무치고, 초고추장으로 버무린 용문 이옥녀 씨네 나물반찬. 침이 꿀꺽 넘어간다.

려놓으면 그날 저녁 식구들은 오랜만에 포식을 한다. 동짓달에 담아둔 김장김치 짠지에 신물이 났던 식구들에게 이 날만은 임금님 수라상도 부럽지 않다.

오랜만에 바깥양반이 밥 한 그릇 뚝딱 해치우고, "밥 좀 더 주게" 하는 소리가 나오면 아낙의 얼굴에는 함박꽃이 핀다. 없는 살림이라 여유 밥이 없어서 제 밥그릇에 담긴 밥을 절반을 뚝 덜어내도 배고픈 것 아랑곳 없이 기쁘기만 하다.

요즘 주부들이, 요즘 아내들이 누리지 못한 기쁨(여권운동가들이 들으면 비분강개할 일이 될지도 모르지만…)을 우리네 어머니들은, 할머니들은 들판에서 캐내온 나물 하나에서도 느낄 줄 아는 후덕한 마음씨가 가슴에 가득 담겨 있었다.

나물

자연 내음 물씬한 토종의 먹을거리

자! 올 봄에는 이웃 주부들과 어울려 들로, 산으로 나물을 캐기 위해 집을 나서보는 것은 어떨까. 제철에 흐드러지게 피어오르는 쑥, 취, 고사리, 참나물, 원추리, 참죽, 모시잎들을 뜯어다 쌈도 싸먹고, 무침도 해먹는 것은 어떨까.

또 먹다 남은 생나물은 잘 말려 꼭꼭 묶어두었다가 입맛이 없을 때마다, 새로운 음식을 맛보고 싶을 때마다 꺼내어 기름 두르고 볶아 먹는다면 얼마나 좋은 일이겠는가. 이런 주부가 있는 가정에 우리 엄마, 우리 아내 최고라는 소리가 나오지 않는다면 그것이 오히려 이상한 일이 될 것 같다.

나물은 또 요즘 무공해 채소 좋아하는 사람들이 주목해 볼 만한 식품이 아니던가. 깊은 산골이나 양지볕 논둑에서 맑은 이슬을 맞고, 들이마시기만 해도 사이다 마신 것처럼 '쏴아~' 가슴이 트일 것 같은 맑은 공기 속에서 자라난 것들 아닌가.

서양 사람들 좋아하는 양상추, 셀러리, 파슬리가 제아무리 맛 좋고 비타민 풍부하다 해도, 야채 역시 우리 것이 제일 아닐까. 내 땅에서 내 땅의 정기를 듬뿍 받고 자란 토종, 신토불이의 채소니 말이다.

용문사 어귀 노천시장에서는
일년 사시사철 향기 좋은
산나물을 판다.

나물의 특성에 따라 조물조물 주무르고, 슬쩍슬쩍 털어 무치고, 들기름 듬뿍 둘러 볶아야 제맛이 나는 나물 요리법을 지금 우리 세대가 이어가지 않는다면 어찌 될까. 그 맛난 먹을거리 하나 생매장시키는 것이 아닐까.
 자연의 내음을 제대로 느끼게 해주는 우리의 토종 나물! 이제 좀더 적극적으로 먹어볼 일이다.

떡, 생로병사, 통과의례를 지켜본 먹을거리

설 명절이 가까워지면 동네 방앗간 앞에 진풍경이 펼쳐진다. 대소쿠리, 옹기 소래기, 양은 대야가 꼬리에 꼬리를 물고 '앞으로 나란히' 줄을 선다. 가끔 방앗간 앞에 매운 바람이 일면, 그릇을 덮어둔 보자기가 '펄럭' 춤춘다. 차례를 기다리기 지겨워 하품을 한다. 그 틈에 그릇에 소복하게 담겨 있던 잘 불려진 쌀들은 새 하얀 속살을 드러내며 볼 것 많은 바깥 세상을 구경한다.

줄이 길게 늘어선 날은 아침밥 먹고 나와본들 해거름 무렵이 다 되어야 자기집 떡을 만들 차례가 되기 십상이어서, 떡쌀 그릇을 지키는 일은 자연 조무래기들 차지였다. 엄마는 그 시간에 다른 제수를 준비해야 했던 까닭이다.

김이 모락모락 나는 떡 '한 볼태기' 얻어먹을 욕심에 왔다갔다 그릇을 앞으로 밀어내기 바빴던 아이들도 시간이 흐르면 그마저 신명이 안 난다. 털신 신은 발은 이미 꽁꽁 얼어붙었고, 찬 바람에 코 끝도 빨갛게 부풀어올라 발을 동동거리거나 '호호' 입김을 불며 추위를 이기는 데만 정신이 팔린다.

떡 만들며 피어나던 즐거움과 정겨움

개중 재수 좋은 아이는 떡을 만들고 집으로 돌아가던 옆집 아줌마가 "옛다 떡 먹으면서 기다려라"하고 한 가닥 떼어준 모락모락 김이 피어나는 가래떡 하나 입에 물고 히히덕거린다. 다른 아이들은 "야, 나도 좀 줘" 그나마 나눠 먹자며 그 아이의 꽁무니를 이리저리 쫓아다니느라 골목길은 한바탕 소동이 벌어진다.

그랬다. 십여 년 전만 해도 명절 밑이면, 방앗간이 있는 동네 고샅 그 어디에서건 이런 풍경은 흔하게 볼 수 있었다.

하지만 요즘은… 명절이 코앞에 닥쳐도 가래떡, 인절미 등속을 만들어 머리 위에 하얀 김 모락모락 피워가며 종종걸음치는 여인의 모습을 찾아내기란 그리 쉬운 일이 아니다.

명절 하면 가장 먼저 떠오르는 것은 푸짐한 떡이다. 하지만 요즘 사람들 오죽 영리한가. 합리적이고 경제적인 것만이 세상 사는 유일한 관심거리다.

'먹을 것이 흔해 떡 먹을 사람도 별로 없는데', '쌀 불려 번거롭게 방앗간까지 이고 가느니 떡집에 돈을 주고 맞추지', '이미 만들어진 것을 사는 것이 경제적인데'….

이런 이유로 떡 만들던 날의 번잡스런 즐거움이, 차례를 기다리며 벌어지던 흥겨운 일들이 점점 우리 곁에서 자취를 감추어간다는 것은 아쉽기에 앞서 서글픔이 든다. 사먹는 떡이 제 아무리 모양이 좋고 맛있다 한들 정성을 들여 쌀을 고르고, 시루에 얹어 쪄낸 그 솜씨를 따라올까.

떡살로 멋을 부린 절편. 선명한 국화꽃과 이파리가 먹음직스러워 보인다.

떡의 모양을 내는 떡살과 다식을 박는 다식판들. 섬세한 조각 솜씨에 탄성이 나올 법하다.

떡은 우리에게 단순히 빈 속을 채우는 먹을거리로만 여겨졌던 것은 아니다. 결혼할 때, 아이가 세상에 나와 첫돌을 맞이할 때, 천지신명께 고사를 지낼 때, 경사스런 일이 생겼을 때, 세상을 떠나 흙으로 되돌아갈 때… 떡은 우리네 사람들과 어울려 기쁨과 슬픔, 간절한 기원을 함께 맛보던 의식의 상징물이었다.

혼인을 앞둔 신랑 집에서 신부 집으로 봉치함(禮狀函)을 보내면, 신부 집에서는 대청에 떡시루를 올려놓고 그 함을 시루 위에 얹었다. 시루에 올려놓은 함을 향해 큰절 한 번 올린 다음 함을 내려 풀어보았다. 신랑, 각시 먹을 것 걱정 없이 잘 살라는 간절한 마음을 봉치시루 위에 함을 올려놓고 빌어보았던 것이다.

새 생명이 탄생해 첫돌을 맞을 때 차려주던 돌상에 백설기, 수수경단, 찹쌀떡, 인절미, 송편, 무지개떡이 고루 올랐던 것도 그저 상을 보기 좋게 하려고 차려 올렸던 것이 아니었다.

백설기는 아기가 신성하고 정결하게 자라기를 기원하는 것과 동시에 장수하라는 뜻을, 수수경단은 귀신이 붉은 색을 싫어하니 귀신의 범접을 막고 무병장수하라는 기원을 담고 있었다. 인절미, 찰떡은 차진 음식이니 끈기 있고 마음이 단단하라는 뜻에서, 무지개떡은 아기의 무궁무진한 꿈이 무지개처럼 오색찬란하게 이루어지기를 기원하면서 상에 올린 떡이었다.

절편, 인절미는 약방의 감초

송편도 속이 빈 것, 속이 찬 것 두 가지를 만들어 상에 올렸다. 속을 넣어 만든 송편은 속이 차라는(영리하고 사리 분별이 있는) 의미에서, 속이 빈 것은 넓은 아량을 베풀 수 있는 속깊은 마음을 가지라는 뜻에서 만들었던 음식이다.

반가운 사람이 찾아오거나 즐거운 일이 생기면 서둘러 떡부터 만들었던 것은 별식을 대접하고 그것을 먹고 즐긴다는 의미도 있었지만, 그보다 찾아온 사람을 존경하고 자신의 즐거운 일을 이웃과 함께 나누고 싶다는 소박한 마음 씀씀이와 넉넉한 정이 담겨 있는 훈훈한 몸짓이었다.

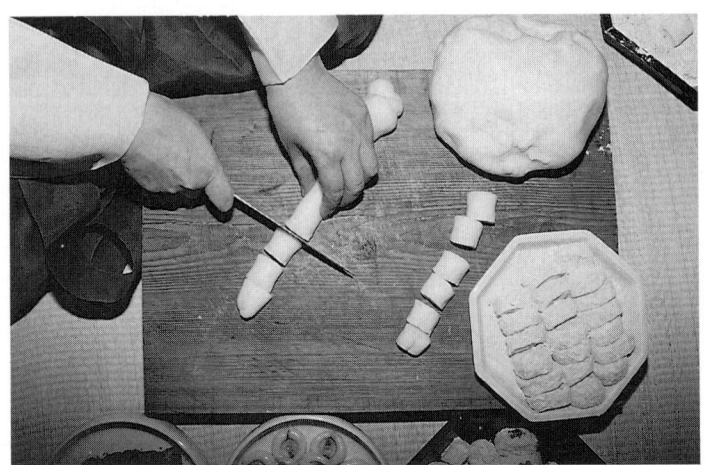
끈기있고 차진 성질에 의탁해 돌상에 올린 인절미는 아이가 장차 자라면서 끈기와 굳센 의지를 지니기를 빌면서 만들었다.

시집간 딸이 친정에 올 때, 그 딸이 다시 시댁으로 돌아갈 때도 손에 들려 보낸 것은 동고리에 가득 담긴 떡이었다. 집안의 형편에 따라 떡의 가짓수나 종류가 달랐지만 절편, 인절미는 약방의 감초마냥 빼놓을 수 없는 것이었다.

이렇게 떡이 오고가면서 어렵기만 한 사돈끼리 상대 사돈댁의 솜씨도 구경하고, 정갈한 법도도 가늠해보았던 것이다.

우리네 떡에는 이렇듯 각양각색의 사연이, 사람 사는 따스한 온기가 고물 하나하나마다, 떡 속에 들어가 있는 앙금 하나하나마다 절절하게 스며들어 있었다.

그런데 이런 떡이 우리 주변에서 자꾸 자취를 감춰가고 있으니…. 떡이 우리 주변에서 그 존재 의미를 잃어가는 것과 함께 우리의 인정도 메말라가고 있다면 지나친 억측일까.

절구방아 찧어가며 떡을 만들던 그 시절이 새삼 그리워진다. 요즘처럼 기계 방아로 떡을 만드는 방앗간이 없던 옛날, 떡 만드는 날은 온 집안이 떠들썩했다.

떡 만드는 날, 아이들은
좋은 쌀만 고르고 골라 잘 불려놓은 찹쌀을 시루에 넣은 다음 아궁이에 불을 지피기 시작하면 아이들은 절로 신바람이 났다. 말랑말랑한 인절미가 눈앞에 어른거려 침이 '꼴깍' 목구멍 속으로 삼켜졌다.
이때쯤이면 곳간 한구석에서 긴 잠을 자던 안반(떡판)과 떡메가 우물가로 끌려 나온다. 깨끗이 씻어 물기를 빼놓아야 '쿵덕쿵덕' 떡을 칠 수 있는 까닭이다.
시루에서 김이 오르기 시작하면 불을 때던 아낙은 물 한 바가지를 떠와 굵은 소금을 휘휘 저어 푼다. 시루 뚜껑을 열어 소금물을 훌훌 뿌리면서 주걱으로 찹쌀을 아래로 위로 뒤섞는다. 이렇게 소금물을 치는 까닭은 간을 맞추기 위함이다. 제아무리 좋은 음식이어도 간이 맞지 않으면 맛이 없기 때문이다.
소금물을 훌훌 뿌리고 나면 불을 또 땐다. 다시 시루에 김이 무럭무럭…. 아낙은 마당에 서성이는 장정을 불러들인다. 묵직한 시루는 솥단지 위에서 덥썩 들려 떡판으로 자리를 옮긴다. 떡판에 시루 속의 찰밥을 전부 엎어놓으면 이제 힘 좋은 장정이 진가를 발휘할 차례.
장정의 알통이 불끈불끈해지면서 떡메는 '쿵쿵' 소리를 내기 시작한다. 인절미를 만드는 일이 시작된 것이다. '쿵', '쩍', '쿵', '쩍'… 떡 치는 소리가 깊어가면 찹쌀밥이 쫄깃쫄깃 인절미로

신부집에서 함을 받을 때 그 위에 함을 올려놓고 신랑, 신부 복을 빌던 봉치시루. 함을 올린 시루에 큰절을 올리며 두손 모아 복을 빌고 또 빌었다.

변해간다. 떡메는 떡을 한 번 치고 나면 소금물에 잠시 목욕을 한다. 물을 묻히지 않으면 떡메에 떡이 찰싹 달라붙어 잘 처지지 않아서이다.

떡 치는 모습을 지켜보는 아이들의 목구멍에서는 절로 침이 꼴깍 넘어간다. 한 볼태기 얻어먹고 싶어 떡판 주변을 맴돌면 아낙은 "저리로 가라" 손사래를 치면서도, 한손으로는 떡 한 움큼 잽싸게 떼어낸다.

어렵사리 인절미 한 볼태기 얻어낸 조무래기들은 신바람이 난다. 욕심에 입 안으로 덥썩 집어넣었다가 뜨거워서, 입안 가득 달라붙어서 인절미를 떼어내느라 애쓰는 표정이 영락없이 험상궂은 탈바가지 형상이다. 그 재미난 모습을 보며 어른들은 한바탕 웃음꽃을 피운다.

완성도 높은 풍경

떡판에선 즐거운 농지거리도 오간다. 혼기가 다된 댕기머리 끝순이가 잔심부름 하느라 종종걸음을 치는 뒷모습을 보며, 장정은 "아따, 끝순이 궁둥이가 안반짝(떡판)만하네. 올 봄에는 시집 보내야 쓰것네" 농을 건다. 이 소리에 팩 토라지는 끝순이를 보며 사람들은 또 한번 웃음꽃을 피운다.

차지게 떡이 처지면 인절미를 먹기 좋게 썬다. 칼에 물을 묻혀가며 떡을 써는 손동작이 보이지 않을 만큼 날쌔다. 옆에서는 썰어진 인절미를 콩고물에, 깨고물에, 팥고물에 굴리느라 분주하다. 식탐 좋은 아낙들은 그 틈에도 고물 묻힌 떡을 입 속에 밀어넣다가 주인 아낙에게 혼구멍이 나기도 한다.

"이 사람아, 그러다가 잔칫상 올릴 떡도 없것네.…"

떡 만드는 날은 이렇듯 즐거운 풍경이 절로 만들어졌다. 능력 좋은 연출가가 완벽하게 구성해서 연출을 한다 한들 이런 정겨운 모습이 생생하게 살아날까.

앞만 보고 살다가 우리가 잃어버린 정겨운 것들이, 즐거운 풍속이 어디 하나둘뿐이랴만 집에서 떡 만드는 이런 정경이 점점 자취를 잃어가는 것은 곱씹어 생각해도 아쉽다.

바쁘면 얼마나 바쁘다고 쌀 불려, 떡 찌는 그 몇 시간을 못 낼까. 그럴듯한 이유를 다 갖다 끌어들인다 해도 쉽게 이해되지 않는 일일 듯싶다. 일부러 돈 들여가며 아이들에게 자연 교육이다, 정서 교육이다 온갖 교육을 시키는 이런 판에 엄마가 손수 떡을 만들면서, 한 볼태기 얻어먹으려고 기웃거리는 그 흥겨움을 아이에게 심어준다면 그보다 더 좋은 살아 있는 정서 교육을 어디에서 찾을 수 있을까.

떡의 영양학적 합리성과 과학성

우리의 떡은 이런 흥겨움이나 통과의례 때 빌어보는 기원의 의미 외에도 영양학적으로도 결코 떨어지지 않는 합리성, 과학성이 숨겨져 있다.

인절미에 묻힌 콩고물은 인절미의 당질과 콩의 단백질을 쉽게 섭취할 수 있도록 배려된 것이다. 푸른 콩, 흑임자, 밤, 고구마…이 모든 식품들이 오늘날 영양식으로, 건강식으로 각광받는 식품이 아니던가.

철마다 따로 해먹는 떡(쑥설기, 느티떡, 수리치, 국화, 무떡, 수단)들은 제철의 신선한 재료들만을 취해 균형 잡힌 영양분을 섭취하기 위한 좋은 음식이 아니었던가.

이런데도 오늘 우리는 떡을 멀리 한다. 돈만 주면 언제든 살 수 있는 과자가 널려 있고, 밀 하나 제대로 안 나는 나라에서 온갖 외국 빵들을 자랑스럽게 아침식사 대용으로 먹는다.

우리 땅에서 나는 쌀(요즘은 남아돈다고 하지 않는가)로 만든 떡은 과연 아침식사 대용으로 먹을 수 없을까. 편리성으로 친다고 해도 샐러드 만들고, 버터 발라먹는 빵과 비교해 떨어지지 않는다. 또 떡 속에는 온갖 영양분이 가득 들어 있지 않은가.

"못 연다", "절대 내놓을 수 없다"는 쌀 시장도 점차적으로 개방되고 있다고 한다. 이런 현실에서 우리가 소중하게 간직해야 할 것은 무엇일까. 다름아닌 지혜가 담긴 우리의 먹을거리를 잊지 말아야 하는 것이다.

입맛이 변하면 정신도 변하기 쉽다는 것은 콜라와 햄버거를 좋아하는 요즘의 신세대들을 보면 쉽게 판단이 서지 않는가.

집집마다 쌀 한 됫박 들어가는 떡시루 하나 갖춰두어 떡을 쪄먹는 날이 올 때 진정 우리의 것, 우리의 문화를 지킬 수 있으리라는 생각이 드는 것은 '우물 안 개구리' 생각일까.

시루떡, 물호박떡, 밥과병, 인절미, 각색단자, 개피떡, 꽃절편, 경단, 부꾸미, 주악, 두텁떡, 송편, 기주떡, 수리치떡, 느티떡, 수단, 무시루떡, 골무떡…이름만 들어도 흥겨워지는 떡을 만들 줄 아는 젊은 주부가 얼마나 될지 궁금해진다.

분수에 맞춰 만든
남을 위한 음식, 별식

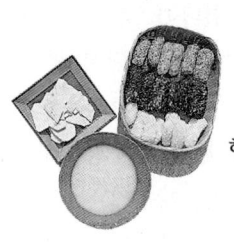

입추 절기가 지났건만, 양력 팔월은 한낮 더위가 여전히 기승을 부린다. 안채, 사랑채, 행랑채… 울안의 집채들이 머리를 맞대고 있는 양반네 저택도 따가운 햇살에 맥을 못 추기는 매한가지.

뒷마당 느티나무에서 매미 울음 소리가 피어난다. '맴, 매애 앰~' 속절없이 끝나는 제 인생이 서러워 길게, 짧게 제 깊은 한을 토해낸다. 솜씨 좋은 대목(大木)이 있는 재주, 없는 솜씨를 다 피워 모양을 낸 안채의 팔작지붕에서도 여름 한낮의 한가로운 풍경이 펼쳐진다. 추녀 끝에 매달린 풍경은 이따금 불어오는 한줄기 실바람에 '달랑달랑', '딸가당' 제 몸을 흔든다.
 행랑채 구석에 자리잡은 외양간 역시 한가롭기 그지없다. 뜨거운 여름 한철엔 딱히 힘써야 할 들일이 없으니, 외양간의 황소란 놈 팔자 한번 늘어진다. 제 편할대로 드러누워 이따금 큰 눈 껌벅이다 자고 먹는 게 제일 큰 일이다. 여물통의 먹이를 우걱우걱 씹어먹다 이 일마저 시들해지면 외양간 누렁이는 제 꼬리를 곧추세워 휘휘 제 몸뚱어리에다 채찍질을 해댄다. 귀하신 제 몸에 붙은 파리, 모기, 하루살이들을 내쫓는 애교 넘치는 몸짓을 하는 것이다. 귀찮게 구는 파리, 모기가 '날개야 날 살려라' 저만치 도망치면 황소란 놈은 이내 단잠에 빠져든다.
 행랑채에서 가까운 사랑채도 한가롭기는 매일반. 오뉴월 손님은 호랑이보다 더 무섭다는 말도 있듯, 식객이 모두 떠난 사랑은 글자 그대로 고요하다. 정적이 감돈다. 말 동무가 없어진 사랑주인이 심심파적으로 물고 있던 장죽을 무쇠 재털이에 톡톡 털어내는 소리만 이따금 들려올 뿐이다. 때론 잠긴 목을 뚫는 헛기침 소리로 자신의 건재함을 집안 구석구석에 알리기도 한다.

사대부 살림집의 피서 풍경
 안방마님이 거처하는 안채 역시 한가로운 풍경이 펼쳐진다. 방마다 내갔던 7첩 외상 걷어들여 기명 소제는 이미 끝냈고, 저녁거리 준비는 아직 이르다. 심부름 하는 아이와 손맛 좋은 찬모가 대청마루에서 귀엣말을 소근소근. 무슨 신나는 얘기가 있었는지 아이는 배를 잡고 까르르 웃는다.
 행랑채는 어떤가. 사기 주발에 수북하게 퍼담은 보리밥 한 그릇, 풋고추 찍어가며 뚝딱 해치운 행랑아범은 파리가 콧등에 앉아도, 털복숭이 장딴지를 간지럽혀도 아랑곳 않는다. 드르렁 코 골며 오수를 즐길 뿐이다.

사대부 살림집은 집채마다 이렇듯 제각기 더위를 피한다. 제 깜냥껏 나른한 오후 나절을 보내는 것이다. 다시 한줄기 바람이 스쳐가고 처마 끝 풍경은 '딸랑딸랑' 청아한 소리를 풀어낸다. 느티나무에 숨어 있는 매미는 '맴~맴~매애앰' 울음을 울어대고, 세 번 피고져야 햅쌀밥을 먹게 된다는 배롱나무 백일홍은 그 빨간 꽃잎을 더욱 붉게 태워간다.

이 무렵 대가집 솟을대문 앞에서 고즈넉한 오후의 적막이 부숴진다. "이리 오너라~" 사랑채에 손님이 찾아온 것이다. 오뉴월 염천에는 제아무리 반가운 손님이 찾아와도 귀찮고 성가신 마음이 앞서지만 어쩔 것인가. 행세하는 대가집에 사람이 들끓는 건, 가문이 쭉쭉 뻗어나가는 것을 드러내주는 증거인 것을.

여름손님을 대접하는 예

'드르렁' 코 골며 낮잠을 즐기던 행랑아범은 "이리 오너라" 그 소리에 놀라 대문간으로 부리나케 달려간다. 손님으로부터 찾아온 사연을 들은 행랑아범은 아무개 손이 찾아오셨다고 사랑주인에게 득달같이 알린다. 사랑으로 손님을 인도하고 나면 다음은 안채에 고할 차례. 사랑채와 안채가 구분된 중문을 민다.

"사랑채에 손이 드셨습니다."

행랑아범 말이 끝나기도 전에 안방마님은 묻는다.

"어떤 손이 사랑에 드셨느냐?"

내외가 분명한 시절, 제아무리 위세 좋은 안방마님이라 하여도 사랑으로 나가볼 수는 없는 노릇. 행랑아범의 입을 통해 요즘 말로 '정보'를 얻는 것이다.

안방마님이 손님의 신분을 확인해보는 건 또 다른 이유가 있어서이다. 집에 찾아온 손님을 대접하는 빈례(賓禮)는 사대부가 지켜야 할 다섯 가지 예의범절[길례(吉禮), 흉례(凶禮), 군례(軍禮), 빈례(賓禮), 가례(嘉禮)] 중의 하나. 손님 접대를 어찌 마음으로만 끝낼 수 있겠는가. 동네 어귀에서 지나는 길손이 물 한 바가지를 청해도 표주박에 버들잎 한 이파리 둥실 띄워 정성을 들이는 법인데, 하물며 사대부 내 집으로 찾아온 손님을 어찌 허술하게 대접하랴.

찾아온 손님에게 음식을 대접할 때는 지나쳐도 흉, 모자라도 흉이 되는 법. 또 어느 손님에게나 음식 대접을 융숭하게 하면, 제아무리 넉넉한 살림이라도 당해낼 장사는 더욱 없다. 또 너무 허술하게 대접을 하면 손님의 환심을 살 수가 없는 것이다. 그래서 안방마님은 손님 대접하는 법도를 나름대로 마음속에 정해둔다. 눈치 빠른 행랑아범이 일러주는 손님의 신분에 따라 상차

안동 하회마을 큰 종택 양진당 사랑채 모습. 손님이 끊이지 않던 큰집안이라 점주, 다식, 육포 같은 별식이 늘 갖추어져 있었다.

'삐거덕' 장중한 소리가 금세라도 들려올 듯 위엄 넘치는 대문.

림은 달라진다.

사대부의 손님 접대

사대부의 손님 접대는 이조시대 박두세란 사람이 쓴 「요로원 야화기」라는 글에서 풍자적으로 언급이 되어 있다. 조선 후기에 충청도 한 지방에서 제 집에 찾아온 손님을 접대하는 방법을 설명해놓은 이 글은 어떤 내용인가.

"찾아오는 손님이 많은 사랑주인은 손님을 접대할 식단을 세 등급으로 나누어 놓았다. 그 방법은 손님이 찾아오면 주인이 자신의 얼굴 중 이마, 코, 턱을 만짐에 따라 상차림을 달리하는 것이었다. 턱을 만지면 가장 조잡한 상차림을, 코를 만지면 중간 상차림을, 이마를 만지면 가장 좋은 상차림을 차려낸다. 꼬리가 길면 밟힌다고 나중에 이를 안 동리 사람들이 주인의 손이 이마로 가게 만들어 항상 최고의 대접을 받았다고 한다."

주인의 행동거지가 야박스러워 얄미운 구석이 없지는 않지만, 그래도 요즘 사람에 비하면 양반이다. 제 집에 찾아 온 손님을 버젓이 앞에 앉혀놓고 음식점에 전화 한 통 달랑 걸어 주문을 하는 일에 비하면 얼마나 멋스럽고 정이 넘치는 이야기인가. 주인의 소박하고 순진한 행동에 절로 웃음이 머금어진다.

바깥세상의 정보처, 사랑

안방마님은 자신이 정한 기준에 따라 서둘러 상을 차려낸다. 귀한 손님이면 찬방과 고방에 미리 갈무리 해둔(손님이 오면 대접하려고) 육포, 약과, 밤초, 대추초를 꺼내와서 정성들여 주안상을 차리기도 하고, 간단한 용무를 보러 찾아온 손님이면 시원한 샘물 한 바가지 퍼올려 앞마당에서 제 모양 자랑하는 앵두 몇 알, 수박 몇 조각 파내서 화채 한 그릇 잽싸게 만들어 사랑으로 내보낸다. 이마저 여의치 않으면 미리 갖은 곡식을 빻아 가루로 장만해놓은 미숫가루를 물에 타 상에 올리기도 한다.

살림 형편이 좋은 여염집이나 대가집에 자리잡고 있는 사랑은 바깥 세상과 집안을 연결해주는 중요한 연결 고리였다. 찾아온 손님의 입을 통해 요즘으로 치면 신문이나 방송처럼 바깥세상의 이런저런 얘깃거리, 중요한 국사의 흐름 등이 점쳐지고 소개되는 공간이었다.

또 집안의 기둥인 바깥어른이 이곳에 거처하면서 마음에 맞는 사람들과 풍류를 즐기고, 사교를 하던 곳이었다. 즉 사랑은 서양의 귀부인들이 주름잡던 '살롱'과도 같은 역할을 수행했던 공간이었다.

이런 까닭에 사랑채에 식객이 들끓던 집은 항상 위세가 당당했다. 통신이 발달하지 못했던 그 옛날, 오가는 식객들을 통해 세상 돌아가는 이야기를 한마디라도 더 들었으니 세상 돌아가

별식

청태 다식, 송화 다식, 흑임자 다식과 매작과 점주가 빚어놓은 풍경. 사대부가에서는 손님을 대접하는 빈례를 사대부가 지켜야 할 다섯 가지 덕목 중 하나로 꼽았다.

는 사정을 그만큼 더 많이, 더 정확하게 꿰뚫는 안목을 가질 수 있었기 때문이리라.

사랑에 식객이 끓으면 안주인이 고달플 것은 기정사실. 하지만 하늘 같은 사랑주인을 찾아온 손님들이니 모두 하늘같이 귀한 존재였을 터. 식객을 치느라 허리가 휘어져도 어디 싫은 내색 한번 할 수 있었을까.

사랑손님을 위한 별식

풍류만 즐기고 벼슬길에는 도통 관심이 없는 사랑주인을 둔 어떤 안방마님은 하루에도 몇 번씩 주안상, 다과상을 차려내면서 이런 생각을 품었을지도 모를 일이다.

'인품 좋고, 훌륭한 식객과 인연이 닿아 우리 주인 내로라 할 벼슬 자리 한번 나가면 그 얼마나 좋을꼬.'

사랑에 찾아들 손님을 위해 안방마님은 틈나는 대로 별식을 만들어두어야 했다. 밥 위에 떡이라는 말이 있듯 별식은 이리저리 모양을 내고, 재료도 쉽게 구할 수 없는 귀한 것들이 주로 이용되었다. 밥, 국, 김치 등의 일상식에서 솜씨자랑을 할 수는 없는 노릇이지만 별식만큼은 그렇지 않다. 어떤 모양새로 만드느냐, 어떤 양념을 사용하느냐, 어떤 고명을 사용하느냐에 따라 음식의 맛과 눈으로 즐기는 화려함이 사뭇 달라지기 때문이었다.

혼인잔치, 회갑잔치, 생일잔치 등의 길사는 정해진 날짜가 있기 때문에 그에 맞춰 갖가지 별식을 준비할 수 있었지만 사랑에 언제 들이닥칠지 모르는 손님을 위해 미리 준비해두는 별식은 그 가짓수가 한정될 수밖에 없었다. 쉽게 상하지 않는 재료를 선택해야만 하는 까닭이다.

파리가 '왱' 날갯짓을 하기 전인 이른 봄, 안방마님은 소 뒷다리 넓적다리 살을 듬뿍 사와 일년 쓸 육포를 만든다. 육포는 가장 귀한 손님에게 쓸 안주거리였다. 간장에 꿀, 후춧가루 등의 양념을 버무려 넓적하게 저며 썰어 하루 저녁 그 양념에 잰 다음 양지별 햇볕을 찾아 사나흘을 말린다.

넉넉한 심성이 배어나는 별식

육포를 말릴 때는 흰깨를 물에 불려 약한 불에 슬쩍 볶았다가 삼베에 넣고 손으로 한참 비벼 깨 껍질을 불려낸 다음 곱게 빻아 고명을 얹는다. 깨로 웃기를 얹어야 육포가 주안상에 오를 때 얌전한 솜씨가 돋보이는 까닭이다.

잘 말려진 육포는 한지를 곱게 깔고 뚜껑 있는 대바구니에 담는다. 시원하고 바람이 잘 통하는 곳에 보관해두었다가 귀한 손님이 찾아오면 한 가닥씩 꺼내어 화톳불에 슬쩍 구워냈던 것이다.

밤이나 대추를 조청이나 꿀을 붓고 끓여낸 밤초, 대추초는 기품 있는 안방마님이 즐겨 마련해두던 별식이었다. 유과, 강정도 손님접대용 별식으로 손꼽히는 음식이었다.

그밖의 별식들은 손님이 묵어가는 날이나, 손님의 지체에 따라 제각각 준비했다. 닭을 잡기도 하고, 맛있는 인절미를 치기도 하고, 약식을 만들기도 하고, 수정과·식혜를 만들기도 하고.

언제 찾아들지 모르는 손님을 맞기 위해 미리 별식을 만드는 안방마님의 손길에서 오늘 우리는 어떤 것을 느낄 수 있을까.

내일을 준비하는 얌전하고 소박한 그리고 자신의 분수를 지킬 줄 아는 지혜가 스며나오지 않는가. 또 눈앞의 이해관계에만 얽매이지 않는 넉넉하고 덕스러운 심성이 가만가만 전해져오는 것 같기도 하다.

내 손맛이 묻어나는 손님상

오늘부터 내 집을 찾아올 손님을 위해 무언가 마음과 행동을 준비해보는 것은 어떨까. 내 집만의 분위기, 나만의 향기를 맘껏 풍길 수 있는 그런 음식 하나 정성껏 준비해보는 것은 어떨까. 찾아온 손님과 함께 그 음식을 앞에 두고 마음과 마음이 통하는 따뜻한 대화의 자리를 만들어본다면 오늘이 오늘 같고, 내일이 내일 같은 그런 무덤덤한 일상에서 벗어나는 향기가 있는 일이 되지 않을까.

그게 거친 미숫가루 한 대접이든, 오래도록 끓여낸 보리차든, 솜씨를 재어둔 인삼차든 어떠랴. 내 손으로 직접 만들어 내 숨결이, 내 손맛이 묻어 있는 것이라면 족하지 않겠는가. 인스턴트 커피 한 잔, 가게에서 사온 주스 한 잔은 너무 싱겁고 재미없는 일인 것 같다.

장아찌, 곰삭아서 새록새록
정이 쌓인 깊은 맛

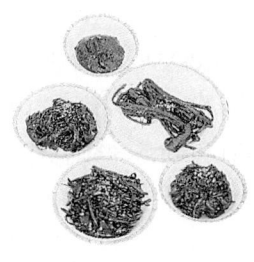

　　　　　　　　　　　가을볕은 따사롭다. 황금빛으로
　　　　　　　　　　　변해가는 들판을 향해 쏟아지는
　　　　　　　　　　　그 볕을 맞아들이는 일은 즐겁다.
　　　　　　　　　　　가을볕 속에는 알알이 영글어가는
　　　　　　　　　　　곡식들의 수런거리는 소리가 숨어
　　　　　　　　　　　있다. 또 그 볕을 먹고 턱, 턱
　　　　　　　　　　　입을 벌리는 석류알, 잘 여문
콩깍지 터지는 수채화 같은 정겨운 풍경이 묻어 있다.
　그래서 볕이 따사로운 가을이면 사람들은 들판으로, 단풍 물 드는 산으로 발걸음을 옮기고야 만다. 길바닥에 쏟아져 나온 차들로 오가는 길에 몸과 마음이 이내 지치고 마는 줄 뻔히 알면서도 울긋불긋한 산이 부르니, 허수아비 춤추는 들판이 손짓

장독 속에는 맛난 밑반찬들이 톡톡 박혀 있는 법이다. 그래서 장독대를 보면 시장기가 돈다. 정겨움이 있다.

을 하니 안방에 큰대자로 발을 뻗고 누워 있기가 쉽지 않다.

어머니의 손길 닿은 장독 속 밑반찬

뒤꼍에 올망졸망 자리잡은 장독에도 가을볕은 어김없이 쏟아져내린다. 노란 황국, 때늦은 맨드라미가 수줍게 피어 있는 장독대를 보듬어 안아주는 그 볕은 한없이 포근하다. 장독대 위에서 고추잠자리가 무리지어 맴을 도는 한가한 모습도 가을날에 볼 수 있는 보기 좋은 풍경이다.

볕이 내리쬐면 장독대에서는 한없이 너그럽고, 인정 많던 어머니의 얼굴도 피어난다. 투박하지만 따뜻한 손길이 그리워서, 어떤 재료든 주물주물 손길만 닿으면 요술처럼 맛난 반찬이 되고야 마는 어머니의 손맛이 생각나서 나도 모르게 눈가에 이슬이 맺히고, 입안 가득 침이 고인다.

그래서 가을날 반짝반짝 윤이 나는 장독대를 눈이 시리도록 바라다보면 배가 고프다. 꼬르륵 시장기가 돈다.

시어머니에게서 며느리로, 또 시어머니에게서 그 며느리로 대물림되면서 어느 하루, 안주인의 손길이 머물지 않는 날이 없는 장독의 뚜껑을 들춰보자. 그 속에는 맛난 밑반찬들이 톡톡 박혀 있다. 감장아찌, 깻잎장아찌, 무장아찌, 오이장아찌… 이름을 다 헤아리기 어려운 곰삭은 밑반찬들은 입맛 없는 날, 찬물에 밥 말아 한 그릇 뚝딱 비우게 만드는 대단한 위력을 갖고 있다.

하지만 이런 정겨운 공간, 장독대가 요즘은 쉽게 눈에 띄지 않는다. 아라비아 숫자가 없으면 찾아갈 엄두조차 낼 수 없는 공동주택이 우리 곁에 성큼 다가오면서 반질반질 윤기가 도는 장독 항아리들이 골동품 가게 귀퉁이를 차지하는 '귀한' 물건이 되고 말았다. 아니면 이삿짐 속에도 끼지 못해 슬며시 놓아두고 떠나버려 모진 비바람에 한없이 천대를 받다가, 마침내는 어느 날 날아든 개구장이들 돌팔매질에 제 생명을 잃고 말거나.

우리의 겨울양식 장아찌와 자반

겨울양식이 김장이라면, 장아찌는 1년 아니 2~3년 양식이다. 곰삭으면 삭을수록 깊은 맛이 더해져 음식 만드는 이의 솜씨를 느끼게 해주는 것이 바로 장아찌다. 장아찌는 무, 배추, 오이, 도라지, 더덕, 깻잎, 씀바귀 할 것 없이 어떤 채소로든 만들 수 있다. 요즘처럼 온실재배를 하여 제철 가릴 것 없이 어느 때건 싱싱한 채소를 먹을 수 없던 옛날, 장아찌는 계절의 풍미를 느낄 수 있는 소중한 먹을거리였다.

장아찌와 비슷한 저장반찬으로는 자반이라는 것이 있었다. 무나 도라지 같은 채소나 미역, 다시마 같은 해산물을 찹쌀풀을 발라 잘 말려서 튀기거나 짭잘하게 조린 것이 바로 자반이다. 자반은 다시마를 잘게 잘라 매듭을 만들어 기름에 튀겨낸 매듭자반과 미역자반이 일품이었다.

그런데 요즘은 그런 맛들이 서서히 힘을 잃어간다. 간장, 된장도 동네 가게에만 가면 잘 포장되어 손길 닿기만 기다린다. 그러니 어디 힘들여 메주 쑤고, 장 담그고, 장아찌를 곰삭히고 자반 만드는 힘겨운 일을 하려는 사람이 흔하겠는가. 돈이면 뭐든 할 수 있는데…

탱글탱글하게 마늘쪽이 살아 있는 마늘장아찌. 절로 군침이 돈다. 순창 사는 설동순 씨가 곰삭힌 것이다.

그러나 이렇게 사먹는 간장, 된장, 고추장은 양념 자체의 맛은 간직하고 있을지 모르나, 그 속에 어머니의 정성, 여인네의 손길이 배어들 틈이 없다. 그래서 사먹는 양념, 밑반찬에는 정서가 없다. 고향이 없다.

갖가지 맛난 장아찌 어떻게 만들까

올 가을에는 집에 있는 여인네들에게 고향이 살아 숨쉬는 저 장반찬 장아찌를 만들도록 해보는 것은 어떨지…. 간장, 된장 담그는 일은 메주 쑤고, 메주 띄우고, 소금물에 장 띄우는 일이 사는 공간 때문에 어려울 수 있으나 장아찌는 그렇지 않다. 간장, 된장, 고추장만 있으면 그 속에 가을에 지천으로 흔한 깻잎이니 무 등속의 야채를 갈무리해서 박아두는 것으로 번거로운 일은 끝이 난다. 나머지는 재료들이 제 알아서 잘 곰삭아주는 법이니 말이다.

요즘 사람들의 입맛에 맞는 장아찌는 고추장에 박은 것들이다. 더덕고추장장아찌, 깻잎고추장장아찌, 무고추장장아찌… 매콤하고 달콤한 그 장아찌 맛이 어찌나 좋은지, 매운맛에 입을 오무려 호호 불면서도 자꾸만 젓가락을 그쪽으로 옮길 수밖에 없게 만든다.

그런 맛이 담겨 있는 장아찌는 어떻게 담그는 것일까. 콜럼버스가 달걀 밑바닥을 깨트려 달걀을 세웠듯 무엇이든 방법을 알고 나면 그것처럼 쉬운 일도 없다.

가을볕 좋은 날 튼실한 무를 시장에서 사와 보자. 무를 깨끗하게 씻어 껍질을 벗기고 적당한 크기로 굵은 채를 썬다. 도마 위에서 나는 그 소리는 참으로 맑다. '톡 톡 톡' 규칙적으로 울려 퍼지는 무 써는 소리는 고향집 대청마루에서 여름 한낮 피어나던 다듬이 소리나 다름없다.

이렇게 채썬 무는 소금을 뿌려서 숨을 죽인 다음 물기를 꼭 짜낸 다음에 바람 잘 통하는 그늘에 꾸덕꾸덕 말려서 고추장으로 버무린다. 그렇게 버무린 무를 항아리에 채곡채곡 눌러 담아두었다가 가끔씩 항아리 뚜껑을 열어보아 무가 고추장을 흡수해 하얀 빛이 배어나면 새 고추장으로 갈아주는 작업을 대여

장아찌 담그는 일은
우리의 정신, 문화를 이어가는
일에 다름 아니다.

섯 번 반복해서 맛을 들이면 몇 년이고 묵혀두고 밑반찬으로 꺼내먹을 수 있다.

　서리를 몇 번 맞은 깻잎도 장아찌를 담그는 데 제격이다. 깻잎 2백 장 정도를 준비했다가, 그것을 물 속에서 한 장씩 씻어 마른 행주로 물기를 잘 닦은 다음 10장씩 묶음을 만든다.

　다음은 짭짤한 맛이 나게끔 소금물을 만들어 그 속에 깻잎을 차곡차곡 담가 묵질한 돌로 눌러놓는다. 깻잎이 소금에 절여져 노릇하게 익으면 흐르는 물에서 다시 한 장씩 씻어 물기를 완전히 뺀다.

　물기 뺀 깻잎은 한 장씩 고추장을 발라서 항아리에 차곡차곡 담아둔다. 가끔 항아리 뚜껑을 열어보아 깻잎이 고추장을 흡수하면 새 고추장으로 갈아주는 일을 대여섯 번 반복한다.

　쌉쌀한 도라지로 담근 고추장장아찌도 맛이 일품이다. 도라지를 깨끗하게 씻어 껍질을 벗겨 소금을 뿌려 하루 정도 절였다가 꼭 짠다. 다음에는 물기를 뺀 도라지를 고추장에 골고루

곰삭힌 장아찌는 입맛이 없을 때, 마땅한 밑반찬이 없을 때 잠자던 항아리 속에서 꺼내어 참기름에 통깨를 술술 뿌려 내놓으면 세상에 그보다 맛난 반찬이 없다

버무려 항아리에 꼭꼭 눌러 담을 차례다. 뚜껑을 열어보아 도라지가 고추장을 흡수했으면 새 고추장으로 여러 번 갈아준다.

입맛 돋우는 먹을거리

곰삭힌 장아찌는 입맛이 없을 때, 마땅한 밑반찬이 없을 때 잠자던 항아리 속에서 꺼내어 참기름에 통깨를 술술 뿌려 내놓으면 세상에 그보다 맛난 반찬이 없다. 갑자기 술 손님이 들이닥쳤을 때 술안주로 내놓아도 제격이다. 매콤하고 달콤한 그 맛이 어머니가 만들어주던 그 맛을 되새기게 해주는 까닭이다.

고추장으로 만든 장아찌는 찹쌀고추장으로 이름을 떨치는 전라도 순창 땅에서 갖가지 종류가 전통 방식으로 만들어진다. 그 중 20여 년 가까이 고추장과 고추장장아찌 담그는 일을 해온 순창의 설동순 아주머니가 3년씩 묵혔다가 파는 고추장장아찌는 한 번 맛본 사람이라면 그 맛을 절대 잊지 못한다.

더덕장아찌, 고들빼기장아찌, 오이장아찌, 두릅장아찌, 무장아찌, 깻잎장아찌… 이들 장아찌는 쫄깃하면서도 매콤하고, 달콤하면서도 씁싸래한 그 맛이 둘이 먹다가 둘이 다 죽어도 모를 만치 좋다.

우리 여인네들의 야무진 손끝은 이렇듯 밑반찬을 갈무리하는 데서도 유감없이 발휘된다. 올 가을에는 따사로운 볕만 쬘 것이 아니라 배 불룩한 항아리에 갖가지 장아찌를 가득 채워 넣어보자. 아이들에게 엄마의 손맛을 익히게 해주고, 우리 어머니, 어머니의 솜씨도 대물림하게 하는 장아찌 담그는 일은 우리의 정신, 문화를 이어가는 의미있는 일이 아니고 그 무엇이겠는가?

가을은 익어간다….

가슴을 녹이고 격을 갖추던, 술

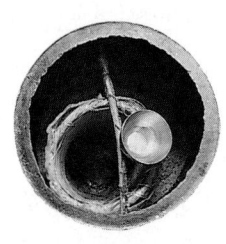

반가운 친구가 찾아오면, 어렵고 귀한 손님이 찾아오면 우리네 조상들은 주안상 정성껏 차려 술을 대접하는 일을 서둘렀다. 찾아온 손님과 함께 술을 권커니 잣커니… 정담이 꽃피어 올랐다. 그 정담에는 세상 돌아가는 이야기도, 집안의 우환거리도, 꽃 피고지는 시절 이야기도 빠질 수 없었다. 술을 통해 세상 돌아가는 형편을 듣고 말하고, 근심거리도 풀어내고, 시시때때로 변해가는 자연을 감상하고, 음미하고, 노래하는 찬탄의 자리를 가졌던 것이다.

이런 까닭에 행세깨나 하고 체면치레하는 집안에서는 설, 추석 명절이나 조상 제사를 모실 때가 아니어도 술독에 술이 마르지 않는 법이었다. 언제 들이닥칠지 모를 손님을 치르기 위해서였다.

금강산 일만이천 봉우리만큼이나 다양한 술

우리네 조상들이 빚었던 술들은 그 이름조차 일일이 열거할 수 없을 정도로 수없이 많다.

누르스름한 빛깔이 탐스러운 탁주에서부터 맑은 빛깔의 소주, 향이나 빛깔을 살리기 위해 꽃이나 과일 껍질을 넣어 만든 가향주에 이르기까지 술은 집안에 따라 지방에 따라 맛도, 향기도, 빛깔도 달랐다. 거짓말 보태면 금강산 일만이천 봉우리만큼이나 각양각색이었다.

술 이름 또한 듣기만 해도 가슴이 따뜻해지는 것들이 많다. 밥알이 개미가 떠 있는 것처럼 동동 떠 있다고 부의주, 흰 아지랑이처럼 술빛이 아롱거린다고 백하주, 진달래꽃을 넣었다고 두견주, 정월 초하루에 마신다고 도소주, 말날만을 택해 네 번 빚는다고 사마주, 청명날 밑술을 담근다고 청명주, 비스듬히 누운 소나무에 넣고 술을 빚었다고 와송주, 정월 대보름날 아침에 마시면 귀가 밝아진다고 귀밝이술….

이런 술은 물론 조상 봉사하고, 손님치레를 하기 위해서만 쓰였던 것은 아니었다. 혼례를 치를 때, 한평생을 마감하고 이승을 떠나는 장례를 치를 때도 술은 필요했다. 술은 통과의례의 격식을 갖추는 데 빠질 수 없는 음식물이었던 것이다.

어린 아이가 15세가 되어 성인이 되었음을 상징해주는 관례를 올릴 때도 술은 제자리를 번듯하게 차지했다. 웃어른이 관례를 올리는 당사자에게 술 한 잔을 권하면서 "이제 네가 하는

진짜 소주는 밑술을 소줏고리에 넣고 불을 가해 증류를 해서 생긴 이슬을 받아낸 것이다. 그래서 소주를 이슬 로(露)자를 붙여 노주라고도 이름한다.

행동은 책임과 의무가 따른다"는 사실을 일깨워주는 것을 잊지 않았다. 즉 술은 자신의 행동에 대한 책임을 상징하는 매개물이었던 것이다.

하지만 요즘은 어떤가. 떠들썩한 술자리, 어둠침침한 불빛, 시끄러운 음악 속에서 마셔대는 술은 지친 몸, 답답한 마음을 풀어내기 위한 도구이자 수단으로만 이용되는 형편이다.

그래도 이 정도는 나은 편. 사람이 술을 마셨는지, 술이 사람을 마셨는지 모를 정도로 취해버린 탓에 술자리가 끝날 무렵이면, 다른 사람에게 피해가 가는지 안 가는지 가늠할 판단력도 잃어버려 고래고래 소리를 지르거나 행패를 부리는 일이 다반사로 일어난다. 그렇지 않으면 오늘이면 세상 모든 것 끝나버릴 것처럼 사지를 흔들어대는 서양식 춤을 추면서 비싼 돈 들여 마신 술을 억지로 깨게 해버리고 말거나….

잘못 되어도 한참 잘못된 일이다. 이 모두가 뿌리를 잃어버렸기에 벌어지는 일들이다. 무조건 옛 것은 낡은 것, 조잡한 것으로 치부해버리는 안하무인격의 문화사대주의가 팽배해버린 탓에 벌어지는 일들이다.

자! 우리 조상들은 술자리를 어떻게 벌였는지 하나, 둘 그 의미를 더듬어보자.

달 밝은 밤 술잔 속에 달을 받아 마셨던 풍류

우리네 조상들은 술집에서 술을 마시는 기회가 흔치 않았다. 물론 기방이며 주점에서 술을 마시는 경우도 없지 않았을 테지만, 요즘처럼 한 집 건너 술집이 들어설 정도로 외식 문화, 향락 문화가 번창하지 않았던 때니 자연 그 기회가 적었으리라.

곳간 속에서 주인의 손에 이끌려 나올 날만을 기다리는 술병과 용수. 맨 우측에 대나무로 결은 홀쭉한 용기가 청주를 거르는 용수다.

휘영청 달 밝은 밤에 술잔 속에 달을 담아 그 달을 마셨던 풍류는 사방이 막혀 있는 술집에서라면 어림도 없는 일일 것이다. 조상들은 그랬다. 좋은 벗과 함께 술을 마시다가 흥이 겨우면 손사위 위아래로 내저으며 한량무를 즐겼고, 북장단 두들기며 한 맺힌 심청가 한 대목 길게 뽑으며 취기와 주흥을 은근하게 풀어냈다.

더욱 운치가 있고 격이 있는 자리라면, 그래서 더 흥이 살아나는 자리라면 벼루에 먹 갈고 종이를 펼쳐서 시 한 수씩 적어 나가거나, 힘차게 난을 치거나 대나무를 그리면서 선비의 굳은 기개를 키워냈으리라.

물론 이런 문화가 극히 적은 숫자의 지배계급만이 누리던, 즉 불쌍하고 힘없는 백성의 땀과 눈물을 발 밑에 적시고 피어난 문화라는 것은 굳이 지적하지 않아도 안다. 하지만 요즘처럼 모든 것이 흔해진 시대에, 웬만한 것은 너나 할 것 없이 모두 누릴 수 있는 이런 시대에 소수만이 누렸던 고급 문화를 우리 모두가 누려서는 안된다는 법은 없잖은가.

격식을 위한 격식은 몸에 거추장스럽다. 하지만 분위기를 위축시키지 않는 격식이 있는 술자리는 좋은 대화 의미있는 만남을 더욱 뜻깊게 해주는 일이다.

　조상들이 술자리를 귀하게 여겼던 것은 또 다른 이유가 있다. 곡식이 풍부하지 않던 그 시절에 곡식으로 만든 술은 그만큼 소중하지 않을 수 없었다. 세 끼 끼니 이어가는 일도 큰 걱정거리인데 하물며 그 곡식으로 만든 술을 어찌 가볍게 여길 수 있었겠는가.

술을 빚는 효모인 누룩과 옹기 술병, 용수가 걸려 있는 홍주 만드는 진도 박기색 할머니네 툇마루

장맛 내기는 쉬워도 술맛 내기는 어려워

　하지만 그보다는 아무리 무심한 남정네들이라도 한잔 술을 만드는 데 들어가는 아녀자의 정성을 높이 샀기 때문이었을 것이라는 생각이 든다.

　술은 웬만큼 솜씨 좋은 아낙이 아니면 쉽게 만들 수 없는 것이었다. "장맛 내기는 쉬워도 술맛 내기는 어렵다"는 말은 술이 그만큼 잔손이 많이 가고 높은 기술을 필요로 한다는 이야기나 다름없으리라.

　술을 빚으려면 누룩 즉 곡자가 있어야 한다. 누룩은 술을 만드는 데 필요한 효소를 갖고 있는 곰팡이를 곡식에 번식시킨 것이다. 누룩은 밀을 빻아 만드는 것이 일반적이었으나 보리 등의 다른 곡식을 사용하기도 했다. 통밀을 빻아 물을 적당히 섞어서 누룩을 만드는 틀에 넣고 꼭꼭 밟아 방이나 헛간, 처마 밑에 매달아 말리면 계절에 따라 일주일이나 한 달 남짓이면 누룩이 떴다.

술을 빚는 날이면 조무래기들은 절로 신바람이 났다. 술을 빚으려면 지에밥(고두밥)을 지어야 했기 때문이다. 쌀알이 서로 떨어질 듯 붙어 있는 꼬들꼬들한 지에밥은 간식거리가 귀한 그 시절, 어머니에게 알밤 쥐어맞으면서 얻어먹던 꿀보다 더 맛난 음식이었다.

잘 불린 쌀로 지에밥을 짓고 나면, 아낙은 그 밥을 잘 식혀 미리 준비한 누룩가루를 넣고 골고루 섞는 일을 서두른다. 지에밥과 누룩이 잘 섞이면 술독에 이들을 넣고 물을 붓는다.

술맛은 들어가는 재료도 중요하지만 첫째는 좋은 물을 써야 한다. 아낙은 이른 새벽 정성 들여 길어다 둔 물동이의 물을 퍼내온다. 물의 비율을 잘 잡는 것도 중요하다. 물을 너무 적게 잡으면 술이 독해지고, 너무 많이 잡으면 술이 싱거워지기 때문이다.

물을 붓고 나면 술독은 계절에 따라 다른 자리를 차지한다. 한여름에는 볕이 들지 않는 그늘진 곳으로, 봄·가을·겨울철에는 안방 아랫목에서 이불을 감싼 채 귀한 대접을 받는다. 술독이 아니 되었다면, 어찌 항아리가 이불을 감쌀 수 있었겠는가.

술이 익는 동안 아낙의 정성은 조바심으로

술이 익는 며칠 동안 아낙은 괜히 조바심이 난다. 술 빚는 일을 밥 짓듯 다반사로 하는 게 아니고, 때 맞춰 많아야 일년에 서너 번 하는 일이니 어찌 마음이 편하겠는가. 온도를 잘못 맞추거나, 거르는 시기를 자칫 놓치면 술이 시어져서 아까운 술을 내버리게 될지도 모르는데….

술이 익으면 아낙은 물을 부어가며 체에 받쳐 술을 거른다. 누르스름한 빛깔을 보면서 손가락으로 찍어 맛을 본다. 그래도 안심이 안 되면, 남정네를 불러 술 한모금 맛을 보인다. 남정네의 울대가 술을 맛보느라 불끈불끈 움직이는 모습을 보면서도 아낙은 마음이 초조하다. 혹시나 술이 맛없다면 어쩌나 걱정이 되어서이다.

'크~' 소리가 난다.

남정네가 술을 다 마신 것이다. '크' 소리와 더불어 "술 맛

소줏고리와 솥단지 사이에 틈을 없애기 위해 붙이는 시루편

소줏고리 부리에서 떨어지는 술이 지초라는 약초를 거쳐야 선홍빛 빨간 술, 홍주가 된다.

좋다" 한마디가 터져 나오면 아낙은 얼굴에 함박꽃을 머금는다. 어화 둥실 춤이라도 추고 싶다.

청주를 빚는 것도 탁주를 빚는 것이나 매한가지. 다르다면 청주는 술이 익으면 탁주처럼 체에 밭쳐 걸러내는 것이 아니라, 술독에 대나무로 촘촘하게 만든 용수를 박아 그 속에 들어가는 맑은 술을 떠내는 것. 똑같은 재료로 술을 맑게, 탁하게 빚었던 조상들의 지혜가 엿보인다.

하지만 청주나 탁주는 며칠 못 가 술이 시어지므로, 오래 두고 쓰려면 소줏고리에 술을 내려야 했다. 즉 증류를 해야 했던 것.

증류주는 곧 소주였다. 요즘 시중에서 파는 소주는 주정에 물을 붓고 희석시킨 것이나, 진짜 소주는 밑술을 소줏고리에 넣고 불을 가해 증류를 해서 생긴 이슬을 받아낸 것이다. 그래서 소주를 이슬 로(露)자를 붙여 노주라고도 이름한다.

진도 홍주 만드는 과정

증류 방식으로 만든 전통주인 진도 홍주 만드는 과정을 살펴보면, 술 만드는 일이 꽤나 솜씨가 들어가는 어려운 것임을 알 수 있다.

홍주는 보리쌀을 물에 불렸다가 시루에 넣고 쪄내는 것이 처음 일이다. 보리쌀 지에밥을 잘 식히면 누룩을 적당한 비율로 섞는다. 술독에 물을 부어 하루가 지나서 술이 부글부글 괴어오를 때, 쌀로 다시 지에밥을 지어 덧술을 얹는다.

여름은 20일, 겨울에는 한 달 정도 시간이 지나면 술이 익는다. 이때 가마솥에 발효된 술을 넣고 적당히 지핀다. 술이 끓어

투명한 선홍빛이 마음을 부풀게 하는 홍주. 예전에는 술보다 복통을 치료하는 약으로 쓰였다.

오를 때쯤 불을 약하게 조절하고, 소줏고리를 얹어 시루편을 붙여 소줏고리 위 움푹 패인 부분에 찬물을 붓는다.

술이 끓어오르면 김이 올라간다. 뜨거운 김은 찬물에 부딪혀 이슬을 맺으면서 소줏고리의 부리로 방울방울 떨어진다. 여기까지는 소주 증류 방식과 똑같다.

홍주의 진가는 다음 과정. 소줏고리의 부리에서 술이 이슬처럼 떨어질 때, 여기에 지초라는 약초를 갖다 놓는다. 홍주는 지초라는 약초를 통과하면서 진한 붉은 빛과 특유의 향을 머금게 되는 것이다.

술 빚는 과정은 설명으로는 이렇게 간단하다. 그러나 요리책에 나와 있는 대로 요리를 해봤더니 맛이 없더라는 이야기처럼 술도 손끝이 닿는 정도에 따라 맛과 향기가 엄연히 차이가 난다. 즉 특유의 기술, 솜씨가 있어야 한다는 이야기다.

새로운 음주문화를 위하여

사실 요즘처럼 바쁜 세상에서 이런 방식으로 술을 빚어 먹을 수는 없다. 그 일은 기술을 갖고 있는 장인에게 맡겨도 된다. 현대는 다원화의 시대니까 말이다. 하지만 우리가 진정 잊지 말아야 할 것은 따로 있다. 술 한잔을 만들기 위해 수없이 많은 땀과 공이 들어간다는 사실이다. 그 공을 생각한다면 그저 기분 내기 위해, 속이 상한다고 술이 사람을 먹은 것처럼 흐트러진 모습을 보일 수는 없지 않을까.

또 하나, 사면이 막혀 있는 어둠침침한 술집에서 술을 마시는 것보다는 가족의 사랑이 있고, 멋진 자연 풍광이 있는 곳에서 한잔 술을 기울이면서 인생을, 세상을, 자연을 생각하고 음미하는 여유를 가져보는 것은 어떨까.

이런 음주 문화가 정착될 때 세상은 더욱 밝고 살 만한 곳이 되리라고 여겨지는 것은 비단 필자만의 생각은 아니리라.

제 4 부
자연 속에 들어앉은 삶, 그리고 세상

흙·흙집, 어머니의 숨결이 들려온다

"산지조종(山之祖宗)은 백두산이요 에에 헤에라~ 지경요 수지조종(水之祖宗)은 한강수라. 에에 헤에라~ 지경요…" 화창한 봄날 집터를 다질 때 들려오던 구수한 추억의 노래, 달구질 소리는 이제는 더 이상 들을 수 없는 노랫가락이다. 널 따란 사각형 돌멩이에다가 동아줄을 단단하게 묶은 지경돌. 묵직한 돌멩이를 들었다 놓았다 '에에 헤에라~' 뒷매김을 하던 불끈불끈 기운 넘치던 장정의 알통도 이제는 더 이상 볼 수 없는 모습이다.

포크레인 움직이는 '그르릉, 쿵', '쿠웅, 그르릉' 굉음이 한나절 남짓 산과 들을 울리면, 이젠 번듯한 집터가 눈앞에 드러나는 기술문명의 시대, 살기 좋은 시절이 된 것이다. 그러나 사람 사는 것이란 참으로 묘해서 편하고 좋다고 모든 문제가 끝나는 것은 아니다. 살림에 기름기가 돌고, 언제든 맛난 것 먹을 수 있는 형편이 되었어도, 없고 힘들던 시절에 먹던 보리밥이 자꾸만 생각나듯 새것을 얻기 위해 잃어버린, 잊고 산 것들이 자꾸 추억으로 되살아난다.

이런 까닭인지 요즘에는 현대식 설비를 갖춘 바람 하나 들이칠 틈이 없다는 그 좋다는 아파트를 마다하고, 흙집을 지어 살겠다는 사람들이 늘어간다. 얌전한 여인네의 치마폭처럼, 껍질을 까면 까만 눈동자를 도려낸 듯 싱싱한 고막처럼 포물선을 그리는 초가를 그리워하는 사람들이 많아진다.

이들이 이런 흙집, 초가집을 찾는 이유는 많다. 황토 한 숟갈에 무려 2억 마리에 달하는 미생물이 들어 있어 누런 이 흙을 가깝게 하면 몸이 튼튼해진다는 사람, 사람은 흙에서 태어나서 흙으로 돌아가는 것이므로 흙은 우리 생명의 근원이라는 사람,

돌담과 초가지붕, 끊어질 듯 이어지는 고샅. 흙과 더불어 살던 살림집 정경이다.

누런 황토를 보면 잊혀진 고향이 생각난다는 사람….

황토는 우리네 인간의 본성

황토의 효능은 옛 의서에도 여러 번 나타난다. 『동의보감』, 『본초강목』, 『향약집성방』 등에서는 황토를 다른 약초와 마찬가지로 하나의 치료제로 인정하고 있다. 또 고려시대에도 황토방이라는 것을 만들어 나이가 많은 재상이나 병자들의 치료용으로 이용했다고도 한다.

이뿐인가. 조선시대 임금인 광해군이 황토방에서 지병인 종기를 나은 일도 있고, 강화도령 철종임금은 구중궁궐 높은 집에서 생긴 강화에 두고온 첫사랑에 대한 상사병을 황토방에서 다스렸다는 일화도 있다.

그렇다. 흙은, 눈만 돌리면 눈에 띄는 지천으로 흔한 황토는 우리네 인간의 본성이다. 흙에서 나와서 흙으로 돌아가는 우리에게 흙은 생명의 귀함을 말없이 일러준다. 그래서 어쩌다 초가집과 흙담을 만나게 되는 날은 눈길이 오래도록 머문다. 그 속에서 질박한 삶과 사람 사는 정을 새삼 느끼곤 한다.

너른 들판이나 아득한 산골에 있는 마을이 아니라면 우리네 조상들은 논과 밭이 맞물린 비탈진 경사지에서 옹기종기 모여 살았다. 유난스럽게 크고작은 산이 많은 땅덩어리여서 기름진 땅은, 부쳐먹기 편한 땅은 씨 뿌려 거두는 농경지로 양보했다.

앞마당 한켠에는 늘씬한 감나무가 서 있고, 뒤 울안에 남새밭 한두 뼘 양지밭에 자리잡고 있는 것은 우리네 농가의 전형이다. 이래서 여행길에 농촌 마을이 차창으로 비껴지나면, 어느 곳에서든 내 어린 시절을 보낸 고향을 찾은 듯 착각에 빠져들

흙집을 지을 때 낟알을 털어낸 지푸라기가 꼭 필요하다. 추수가 끝난 들판에 서 있는 볏짚이 향수를 자극한다.

적이 많다.

여인의 치마폭처럼 완만한 포물선

동구 밖 들판이나 찻길 언덕에서 이런 마을을 볼 때면 우리의 눈은 고막껍질을 엎은 듯한 지붕에서 자연스럽게 멎는다. 여인네의 치마폭처럼 완만한 포물선을 그리며 흘러내리는 초가집 지붕은 이제 민속촌에서나 볼 수 있을 만치 귀한 것이 되긴 했어도 마음속에 감춰진 눈으로나마 아늑하고 따사로운 초가 지붕을 보고 싶어서이다.

우리 모두가 잘 알다시피 우리네 평범한 주거 양식이었던 초가집은 이장댁 스피커에서 온 고샅을 귀청 떨어지게 무시로 퍼지던 <잘살아 보세> 노랫가락에 밀려 기억의 저편으로 사라졌다. 황토빛 발그레한 모습을 드러내어 훈훈한 인정만이 '사람 사는 으뜸 도리'라고 몸으로 일깨우던 흙벽, 자갈이나 깨진 기왓장을 뒤섞어 제 마음대로 키를 올린 토담은 차갑고 매서운 시멘트로 옷을 갈아입었다.

어머니 치마폭, 초가지붕도 해마다 이엉을 올릴 수고가 없는 슬레이트로 과감하게(?) 머리를 바꿨다. 치렁치렁 곱던 삼단 댕기머리를 귀한 쌀 퍼내어 독한 퍼머넌트 약으로 억지 곱슬머리를 만들었던 것처럼 말이다.

흙벽이 사라지고, 돌담이 허물어지고, 누구든 들어올 수 있던 사립문이 차가운 철문으로 변해가면서 우리에게는 과연 어떤 것이 찾아왔던가. 새삼 목청을 돋워 쉰소리를 내지 않더라도 누구나 그 현실을 안다. 그것은 바로 인간성의 상실임을….

내 가족, 좁게는 오로지 나밖에 모르는 극도의 이기심이 무성한 요즘, 우리는 얼마나 많은 아픔을 경험하고 말았던가. 물론 '세상이 변했다~'는 장탄식의 소리가 없는 것은 아니다. 그런 와중에서 땀 흘려 일할 생각은 눈곱만큼도 하지 않고서는 한 재산 떼어주지 않는다고 제 어머니를, 아버지를 죽이는 패륜도 심심찮게 접한다. 탄식만 한다고 이런 몰인간성이 회복되는 것은 아니라는 증거다.

많은 이야기가 담겨 있는 초가집

딱딱한 시멘트를 이겨서 하늘 높은 줄 모르고 우뚝 솟은 아파트는 동과 호를 표시한 아라비아 숫자가 없다면 제 집 찾아가기도 헷갈린다. 그런 곳에서 사니 우리는 옆집에 누가 사는

지 모른다. 알려고도 듣지 않는다. 혹 정 많은 사람이, 그 정 탓에 오지랖 넓게 말참견을 보탰다가는 '푼수'로 낙인 찍혀 외면당하기 십상이다.

이 정도는 약과. 벽 하나만 쌓아진 바로 옆집에서 홀로 사는 노인네가 세상 뜬 며칠 만에 발견되어도 저마다 혀만 끌끌 찰 뿐, 그 자식의 불효를 탓할 뿐, 그것으로 모든 것이 끝난다. 이웃 사촌, 먼 피붙이보다 가깝다는 그 정은 우리네 말라버린 감성에 그 어떤 울림도 주지 못한다. 하루 이틀 지나면 무심상한 일상에 자신도 모르는 새 파묻히고 만다.

부엌에서 불의 신, 조왕을 섬기던 조왕단과 윤기나는 가마솥이 불과 흙이 만나는 오행의 상생관계를 보여준다.

이런 소득 없는 사설은 정말 무의미하다. 대신 벌레 나와 더럽고, 불티 날려 지저분하다는 초가집 속에는 많은 이야기들이 담겨 있다. 언제든 그 이야기를 소곤소곤 누구에게나 친절하게 들려줄 마음 준비를 우리네 초가집은 황토흙은 하고 있다. 이제 그 소리를 듣자. 화롯가에서 군밤 까먹듯 구수한 그 이야기를 따라가보자.

삼라만상, 모든 물체가 어슴프레 제 형체만 드러내는 신새벽.

부지런 떠는 수탉이 목청을 돋운다. '꼬끼요, 꼬끼요' 청명한 울음소리가 긴 밤을 단숨에 걷어낸다. 옷섶에 묻은 먼지를 털 듯 훌훌 어둠을 털어낸다.

초가집 아낙의 아침 준비

우유빛 물안개가 처마끝까지 내려앉은 초가집 안방에서는 이 시간 미동이 시작된다. 아낙은 벽에 걸린 수건을 내리고, 남정네는 더듬더듬 담배통을 찾고… 아침을 맞는다.

격자 창살문을 밀치고 문만 열만 우주의 삼라만상이 숨쉬는 자연으로 통하는 열린 세상으로 나선 이는 아낙이다. 우물마루를 가로질러 댓돌에 발을 내려딛은 아낙은 신발을 꿰신자마자 날마다 하던 익숙한 손놀림으로 손에 든 수건을 건성으로 두어 번 톡톡 털어 머리에 두른다.

여름날, 아침에 안개가 끼면 푹푹 찌는 한낮이 온다는 것을 경험으로 알아낸 아낙은 혼자소리를 뱉으며 부엌으로 발걸음을 옮긴다.

"안개가 끼셨으니 오늘 김매기도 여간 힘들것구먼…."

씨 뿌려 싹 틔워서 김매고 키우는 일은 사람의 몫이어도, 실하게 줄기를 뻗고 풍성한 수확을 거두기까지는 자연의 위대한 힘에 따라 좌우되는 것이기에 아낙이 자연에 대해 갖는 경외감은 태산처럼 크다. 까닭에 아낙은 비가 오면 '비님이 오신다', 안개가 끼면 '안개가 끼셨다'고 표현하는 일에 전혀 어색하지 않다. 자연 속에서 몸담고 살기에, 늘 담담한 마음으로 하늘과 땅을 우러르며 살아간다.

부엌에 들어서면 산비탈에서 긁어온 마른 솔잎이나 검불에

흙집, 초가집에서 우리는 자연의 오묘한 섭리와 사람 사는 정, 사람 사는 도리, 사람으로서 할 수 있는 도리, 사람이기에 부릴 수 있는 아량을 배울 수 있다. 그 속에 너무나 많은 인생과 진리가 뒤주 속의 쌀처럼 알알이 배어 있어서이다.

밑불을 지피다가 불이 활활 오르면 장작을 아궁이 속으로 밀어 넣는다. 안개가 끼어서인지 방고래를 거쳐나간 불기운이 굴뚝까지 솔솔 못 빠진 탓에 불이 낸다. 아궁이로 토해 나온 연기가 고춧불을 맞은 것처럼 맵다. 고초 당초보다 맵다는 시집살이처럼 매운 맛이다.

불이 내다들다를 여러 차례. 드디어 기름기 도는 가마솥에서 푸르르 밥물이 제풀에 끓어넘친다. 아낙은 기운이 넘치는 장작불을 꺼내고 밥에 뜸을 들인다. 밥물이 넘쳐 더럽혀진 가마솥을 행주로 훔치다 말고, 아낙은 광으로 줄달음을 친다. 문득 간밤에 수저질이 신통찮던 서방님 모습이 떠올라서이다. 다가올 장날에 내다팔아 가용에 보탤 달걀이지만 서방님 입맛 살리는 데 어찌 그게 아까우리….

주인 남정네의 새벽일

그 무렵, 남정네는 삽자루를 어깨에 비껴걸고 여덟팔자 걸음새로 논두렁을 돌아본다. '밤 사이 안녕', '대문 밖이 저승길'이라고 논두렁에 구멍이 났거나, 누군가 물꼬를 다른 곳으로 틀어놓았으면 농사를 망치기 때문이다. 한쪽이 무너져내린 논둑은 흙 한 삽 퍼올려 단단하게 다지고, 막힌 물꼬를 터 물길을 제 논으로 돌리면 서늘한 여름 아침 기운에도 이마에 송글송글 땀방울이 맺힌다. 옛말에 "물꼬 싸움에 목숨 건다"고 논바닥에 물이 흥건해야 모가 쑥쑥 자라니, 농사꾼에게 물꼬를 돌보는 일보다 더 소중한 일이 없으리….

물꼬를 손보던 남정네는 그 순간에도 꿈을 꾼다.

'올 농사, 풍년 들면 기필코 물꼬 걱정 없는 옥답 몇 마지기

를 마련하리라', '송아지 두 마리 사서 살림 밑천을 늘리리라.'
 논두렁을 타고 터벅터벅 걸어 집으로 되짚어오는 남정네는 제 흥에 취해 삽자루를 두들기며 노래 한 가락 구성지게 흥얼거린다.

 물꼬 철철 물 열어놓고 퀀네 양반 어데 갔소 / 석자 수건 목에 두르고 첩의 방에 놀러 갔네 / 엊저녁에 얻은 첩은 발도 벗고 간데 없네 / 가래댕기 신마총에 따라 감선 신길소냐 / 울도 담도 없는 집에 육포 짜는 저 큰애기 / 육포 짜는 저 처녀야 이 내 품에 자고나 가게

 노래를 흥얼거리면서도 발은 쉬지가 않는다. 잰 걸음을 걷다가도 넘어진 콩줄기를 일으켜 세우는 일도 잊지 않는다.
 호박넝쿨 튼실하게 돌담을 타오르는 고샅을 지나 삼간초가집 안마당에 들어서면, 마루 밑에서 뒹굴던 누렁이가 제 주인 발걸음 소리에 꼬리를 흔든다. 화들짝 뛰어나와 앞발 세워 남정네 바짓가랑이로 올라도 타보고, 꼬리를 살랑살랑 흔들며 주인의 뒤꽁무니를 따른다.

초가집에서의 아침식사
 주인 들어오는 기척에 부엌의 아낙은 손놀림이 바빠진다. 보시기에 김치 짠지 옮겨담던 아낙은 남정네가 듣거나 말거나 늘상 하던 아침 인사를 반복한다.
 "논에 별일 없지요"
 "오늘은 푹푹 찌것어. 임자 서둘러야 하것어.…"

마루에 걸터앉는 남정네는 오늘 뒤넘이 고추밭에 김을 매러 나갈 아낙이 한낮 더위에 시달릴 걱정부터 늘어놓는다. 요새 사람들 때도 장소도 안 가려가며 아내에게 "사랑한다" 해야지 일등 서방감이라고 한다지만, 남정네의 이런 속깊은 애정 표현을 따라올 수 있을까.

아낙은 고소한 내음이 모락모락 퍼지는 달걀찜을 상에 올려 마루로 내온다. 가용 쓸 달걀을 큰맘 먹고 깨트린 아낙의 마음을 아는 남정네는 달걀찜에 숟가락을 몇 번 옮기다가 이내 밥주발에 찬물을 붓는다.

"요 다음 장에는 고등어 자반이라도 사와야 쓰것소"

남편의 떨어진 입맛에 걱정스런 표정을 짓던 아낙도 남편을 따라 밥에 물을 만다. 뙤약볕에 지치기는 아낙도 매한가지. 배를 채워야 '헛심'이라도 나기에 꺼끌꺼끌한 입 속에 물만밥이라도 밀어넣어야 한다.

이제 아낙은 고추밭으로, 남정네는 논으로 피사리를 떠날 시간. 농사꾼 노릇 십수삼 년에 논일, 밭일 이골이 나긴 했어도 여름 한철 흙 부쳐먹기가 생각처럼 녹록한 것은 아니다. 호미, 삽자루를 손에 들고 긴 골목길을 빠져 나가는 아낙과 남정네의 뒷모습이 한없이 작아 보이는 것도 무리가 아니다.

각이 없는 모서리는 조상의 어진 심성

낮시간은 누렁이가 초가삼간 너른 집의 주인이다. 피사리 나선 남정네 따라 동구 밖까지 마실을 다녀오면 누렁이가 할 일은 없다. 농번기에는 낯선 이도 마을을 찾아들 일이 없으니 인기척에 '컹컹' 짖어대는 밥값 할 기회도 적다. 그늘 찾아 늘어

양평에서 부부가 힘을 합쳐
손수 지은 흙집 별채.
옛날과 현재가 만난
또 다른 풍경이다.

지게 낮잠이나 자는 것이 누렁이 녀석의 낙이요, 일거리다. 그마저 심드렁해지면 누렁이는 밥풀 빠진 수챗구멍을 뚫어져라 쳐다보며 시간을 죽인다. 수챗구멍 언저리에는 가끔 밥풀 사냥을 나선 쥐새끼가 얼쩡거려 녀석에게 활기를 불어넣어 주기 때문이다.

주인도 없고, 누렁이까지 잠들어버린 초가삼간은 고요하다. 이따금 바람만이 이 빈 집을 훑고 지나갈 뿐. 고요한 초가집을 이제 둘러보자.

초가집은 지붕에서 마루밑 댓돌에 이르기까지 각지고 모난 것은 좀체 찾아낼 수 없다. 기둥이며, 문틀, 마루도 언뜻 보기에는 네모 반듯 각이 져 있는 듯해도 찬찬히 뜯어보면 다른 테가 난다. 크든 작든 그 모서리에도 곡선은 살아 있다.

각이 없는 모서리는 우리네 조상들의 어진 심성을 그대로 드러낸다. 남에게 모질지 못하고, 자신만 배부르고 잘살기 위해 억지로 짓밟고 모함하는 일은 절대 하지 않던 그 마음이 숨쉰다. 가난해도 착했고, 힘들어도 어질던 우리 조상의 얼굴이 배어 있다.

사람이 한세상 살아본들 이 땅에 얼마나 머물겠는가. 제아무리 길어야 일백 년이다. 그 인생살이에 내 배고프더라도 더 굶

주리는 사람을 위해 콩 한 쪽이라도 나눠먹고, 다른 이의 슬픈 일을 함께 걸머질 때 사람 사는 맛이 나고, **훈훈한 인간미가 피어나지 않겠는가.**

육신은 흩어져 흙이 되더라도 이름 석 자는 길이 남기에 우리는 역적도 기억하고, 충신도 기억하고, 한 시절을 희롱하던 기녀의 이름도 기억한다.

수저만 비껴걸면 문단속이 끝나는 문고리도 눈여겨볼 일이다. 기운 센 이가 몇 번만 힘을 주면 떨어져 나갈 문고리에 조상들은 왜 힘 없는 수저를 끼어 문단속을 했을까. 과학적이고 합리적인 사고만을 좇는 사람의 눈에는 그처럼 어리석어 보이는 일도 없을 것이다.

하지만 우리는 문고리와 수저에 담긴 그 의미를 읽어낼 줄 알아야 한다. 값나갈 물건을 빼앗길 걱정에 사람 키보다 몇 배나 높은 담장을 둘러치고 최첨단 폐쇄회로 따위의 보안 장치를 해놓는다 한들 간 큰 도둑의 표적이 되면 그것은 휴지조각보다 못해진다. 그래서 우리 조상은 "도둑이 들려면 개도 안 짖는다", "열 사람이 한 도둑을 못 지킨다"고 하지 않았는가.

세상 이치라는 것이 그렇다. 감추면 감출수록 꺼내보고 싶고, 새어 나가지 못하게 '쉬쉬'할수록 귀에서 귀로, 입에서 입으로 '유비통신'을 타고 더 빨리, 더 멀리 퍼져 나간다.

그래서 우리 조상들은 자신의 것을 굳이 감추거나 숨기려 하지 않았다. 옷 벗고 자던 무방비의 시간을 문고리에 숟가락 하나 달랑 끼워넣었던 것은 '이렇게 모든 걸 열어두었으니, 더이상 엿보고 탐내지 말라'고 점잖게 드러내 보인 것이다. 봉창문만 쓱 밀치면 그대로 바깥 세상과 교통하는 그런 가옥에서 살았기에 이런 여유로움을 부릴 수 있었는지도 모른다.

둥글넓적, 초가집 살림살이

맨흙을 그대로 낸 부엌으로 들어서면 이런 마음을 더욱 느껴 볼 수 있다. 기름기 번질번질한 가마솥, 우물에서 물을 길어오던 도톰한 물항아리, 막사발, 대접, 주발, 돌절구, 함지박, 대바구니, 싸리바구니… 이런 살림살이들은 하나같이 둥글넓적하다. 제아무리 뜯어본들 모난 구석을 찾아내기 어렵다. 둥근 것은 우주다. 천원지방(天圓地方), 우리 조상은 하늘은 둥글고 땅은 네모나다는 세계관을 갖고 있었다. 이런 까닭에 하찮아 보이는 살림살이에도 우주의 철학을, 웅장한 세계관을 오롯이 새겨담았던 것이다.

혹 이런 이야기에 반론을 제기할 사람도 있을 것이다.

"기술이 모자라니 단순한 원 모양으로밖에 표현을 못했던 것 아닐까요?"

물론 이런 반론에 쉽게 동의할 수 없는 근거는 무수히 많다. 조상들이 늘상 사용하던 살림살이는 뛰어난 조형미와 균형미, 절제미를 담고 있다. 대칭이 반듯한 밥상, 안방 구석을 지키던 머릿장, 삼층장, 화초장들은 갖은 장식과 세련된 마무리 수법으로 요새 사람들도 흉내내지 못할 공예의 진수를 보여준다.

들숨과 날숨을 스스로 내쉬는 흙집

사는 공간을 다른 생물과 공유할 수 있었던 것도 조상들의 살림집이 늘 자연과 교통하는, 자연의 온기와 가혹한 냉기를 고스란히 받아들이던 그런 구조였기에 가능했다. 처마 한쪽을 날짐승, 제비에게 허락할 수 있었던 것은 지붕을 받쳐주는 날씬한 서까래가 없었다면 아마도 불가능한 일이리라. 요즘도 이따금 아파트 베란다에 둥지를 틀어 화제를 모으게 하는 날짐승이 전혀 없는 것은 아니지만, 제비집은 자연과 교감하고 미물까지도 공생하는 조상들의 너그러움을 엿보게 한다. 제 앞가림에만 급급하고, '내 벌어서 내가 쓰는데 무슨 문제냐?'는 이기심이 팽배한 요즘 사람들 인심이었다면, 내 집에 제맘대로 둥지를 트는 날짐승을 그냥 보아넘겼을까. 퍼득퍼득 날갯짓을 할 때마다 털을 털어뜨린다고, 마루 여기저기에 오물을 묻힌다고 주둥이에 지푸라기를 물고와서 둥지를 틀려고 할 때 저만치 내쫓아버렸을 것이다.

농부는 그 예리함으로 자칫 흉기가 될 수도 있는 낫 같은 농기구는 볏짚 사이에 꽂아서 위험을 막았다.

이것은 자연과 어우러져 사는 인생의 깊은 맛을 알고 있었기에 가능했다. 흙으로 벽을 쌓은 집에서 살기에, 날짐승 제비도 흙의 일부분으로 여겼을 것이다. 흙 속에서 꿈틀대는 생명력을 쉽사리 짓밟을 몰염치는 갖지 못했던 것이다.

도톰하게 지붕을 드러낸 흙집, 초가집에서 우리는 자연의 오묘한 섭리와 사람 사는 정, 사람 사는 도리, 사람으로서 할 수 있는 도리, 사람이기에 부릴 수 있는 아량을 배울 수 있다. 그 속에 너무나 많은 인생과 진리가 뒤주 속의 쌀처럼 알알이 배어 있어서이다.

21세기를 코앞에 둔 지금을 사는 우리가 물론 아궁이에 불 땔 때며, 벌레가 스멀스멀 기어다니는 흙집에서 살 수는 없다. 그렇지만 그 흙과, 흙집에 담긴 의미만은 가슴에 간직하고 살아야 한다. 여름에는 시원하고 겨울에는 따뜻한, 들숨과 날숨을 제 스스로 내쉬는 흙집에 얽힌 정서를 이어가야 한다. 또 급하게 들고나면 이마를 부딪치기도 하는 낮은 문틀에서 우리는 자신을 낮추는 겸허로운 자세, 겸손의 미학을 이어가야 한다.

자연을 거스르지 않던 우리네 조상들, 그래서 흙에서 태어나 흙으로 돌아간다는 평범한 진리를 가슴에서 단 한순간도 떠나 보내지 않던 사람 사는 진짜 '멋'과 '맛'을 알던 사람들…. 그분들의 인간적인 삶을 이제 더이상 빛 바랜 사진 속에 가둬두어서는 안될 듯싶어진다.

자연에 묻혀 세상을 호흡하던, 정자와 원

더위를 피하기로는 동구 밖 당산나무가 제격이다. 하지만 당산나무 밑의 피서는 왠지 옹색스럽다. 거적대기 질펀하게 펴놓은 그 위에 벌러덩 누워 달콤한 낮잠을 잠깐잠깐 즐기는 것이라면 몰라도 그 밑에서 무엇인가를, 신바람 나는 일을 도모하기는 어쩐지 어색하다.

이런 옹색함을 덜기 위해서 우리 조상들이 만들어낸 멋진 공간이 있다. 산 좋고 물 맑은 풍광 좋은 곳에 그 자연과 멋들어진 어울림을 하고 있는 정자나 누각, 잘생긴 별채가 바로 그것이다.

햇볕 따가운 여름날, 바라보기만 해도 서늘한 기운이 가슴을 적시는 옥계수가 콸콸 흘러내리고 나무 이파리 사각사각 간지럽히는 미풍이 등줄기에 맺힌 땀을 식혀주는 정자에 앉아 있는 모습을 상상해보라. 이보다 더 멋지고, 이보다 더 분위기 있는 피서가 어디 있으리….

정자나 누각은 일상으로 사는 집은 아니나 그 속에서 자연과 벗삼아 호방한 기개를 살려내던 공간이다.

정자나 누각 그 속에서 우리네 조상들은 선풍의 멋을, 삶의 여유를 피워낼 줄 알았다. 쥘부채 합죽선을 접었다 폈다 가슴을 울리는 심청가 한 대목 구성진 소리를 길게 뽑아내기도 하고, 두루마기 자락 휘날리며 한량무 한 사위를 멋지게 추어보기도 하고, 이마저 시들해지면 흘러내리는 옥계수 벽계수에 운자를 맞추어 시 한 수씩 돌아가며 읊조리기도 했으리라.

자연 속으로 빠져 들어간 생활공간
이런 문화는 좋은 살 받고 태어난 양반의 것이어서 거부감이 든다면 다른 들살이도 있다. 체통 있는 집안의 사랑채 누각에 올라 신선놀음을 할 팔자가 못 되는 여염집 사람들도 들살이를 즐기는 곳이 물론 있었다.

야트막한 뒷동산이거나 동네 앞에 자리잡고 있던 모정(茅亭)이 바로 그것이다. 개똥벌레가 불빛을 깜박거리며 허공을 맴도는 여름날 저녁, 이 모정에서는 베잠방 걷어올린 남정네들의

정자가 양반의 공간이라면 모정은 여염 사람들이 즐기던 곳이다. 그 속에서 자연에 몰입하는 지혜를 터득했다.

술추렴도 있었고, 떠꺼머리 총각들이 주인 몰래 서리해온 수박이며 참외 등속을 앞에 놓고 옆 동네 끝순이나 또순이 이야기에 밤새는 줄 몰랐을 것이다.

그렇다. 사람 사는 집이 자연과 어느 정도 간격을 두고 있었다면 이들 정자나 누각 모정은 자연 속으로 빠져 들어간 또 하나의 생활 공간인 셈이다. 이 공간 속에서 우리 조상들은 봄·여름·가을·겨울 사계절을 호흡하고, 결국은 흙에서 나와 흙으로 돌아가는 자연의 일부인 자신의 심성을 순화시키는 일을 게을리하지 않았던 것이다.

정자나 누각은 일상적으로 기거하는 집은 아니건만 세 칸 다

섯 칸 남짓한 이 공간을 지어올릴 때는 여간 정성을 기울인 것이 아니었다. 행세하는 집안에서 사재를 털어 한몫에 지어올리기도 했고, 고을 유지들이 깜냥껏 추렴을 하여 함께 즐기는 공간으로 만들었다.

이런 공간이었기에 정자나 누각은 마루와 온돌로 이루어진 우리네 독특한 가옥구조와는 사뭇 다른 짜임을 갖고 있다. 사람 사는 집은 누워서 등을 따끈하게 덥히는 온돌의 기능에 치중했다면, 정자나 누각 같은 자연 속의 집은 마루의 기능을 더 중시했다.

마루는 산마루, 용마루라는 표현처럼 높은 것을 이름하는 우리말이다. 가장 높은 산의 능선이 산마루이듯, 하늘과 맞닿는 가장 높은 지붕의 선을 용마루라 하듯 활짝 열려 있는 공간 마루에 치중한 정자나 누각에서는 조상들의 쾌활함과 높은 기개, 기상이 느껴진다.

그래서 이 나라 팔도천지에는 아직도 찾아들어 오래도록 자연과의 대화를 나눠보고픈 누각이 수없이 많다. 경복궁의 경회루, 밀양의 영남루, 진주의 촉석루, 삼척의 죽서루, 구례 풍산 유씨 집안의 운조루… 이루 헤아릴 수 없다.

자연과 맞닿은 열린 공간

정자는 또 어떤가? 송강 정철 선생의 가사문학의 산실로 꼽히는 무등산 기슭의 식영정, 면앙정, 송강정, 창덕궁에 있는 부채 모양의 정자 관람정, 역시 창덕궁 후원에 있는 희우정이나 애련정은 정자 자체의 멋스러움과 정자 마루에서 펼쳐지는 자연과의 한없는 친화력에 절로절로 감탄사가 새어 나올 뿐이다.

고스란히 담겨놓는 지혜가 있었다. 그것은 살림살이의 기품과 멋을 높이는 공예적인 형태를 띠면서도 동시에 조상들의 자연관과 우주관과 삶의 철학을 품어안는 숭고한 맛이 넘쳐흘렀다. 또 쇠붙이를 아로새기고, 두들기고, 파내어 만든 이런 문양에는 조상들의 섬세한 미의식이 오롯이 배어 있다.

옛 문양을 우리 생활에 끌어들일 노력이 필요할 때

전통 문양들은 솔직히 그동안 우리의 관심 밖에 있었다. 물론 그 문양들을 되살려내는 일에 온 힘을 기울이는 사람들이 없지 않은 것은 아니나 적어도 수백년 이어온 그 무늬들 사이에 올올이 배어든 그 의미는 지나치다 싶게 홀대를 받고 있는 것도 사실이다.

옛것에서 오늘을 발견하는 일, 그리고 미래를 꿈꾸는 일은 아득하게 멀고 어려운 일만은 아니다. 소박하면서도 자유롭고, 필요에 따라 지극히 자연스럽게 모양을 바꿔가며 은은한 멋을 내주는 그런 무늬들을 생활 속에 적극 끌어들여야 하겠다.

알고 나면 더욱 소중해지고, 그래서 더 한번 눈길을 붙잡는 것이 바로 우리의 무늬들이다. 겉으로 드러난 그 생김만 스치듯 바라볼 것이 아니라 그 무늬 속에 배어 있는 숭고한 의미들을, 수백년 이어온 바람들을 함께 깨우는 노력을 우리 모두가 기울여야 할 듯싶다.

우리의 무늬는 단순한 덧씌움이 아니다. 물건의 격을, 삶의 자세를 더욱 진지하게 이끌어가는 신앙이다. 그 속에서 사람 사는 도리를 배워야 한다. 자신을 낮추고 남을 높이는 그러면서 이웃과 함께 공생의 삶을 이어가던 그 순수한 마음이 살림살이에 새겨넣던 무늬 속에 담겨 있는 것이다.

　우리의 무늬는 또 그 예술적인 감각이 세계 어디에 내놓아도 손색이 없다. 이제는 우리 기업들도 외국에서 로얄티 줘가면서 디자인이나 문양을 빌려다 쓸 것이 아니라 숱하게 많은 우리 전통 문양을 현대적으로 재해석하는 지혜를 발휘해야 할 때가 아닌가 싶다. 그런 노력이 아예 없는 것은 아니나 더 활발해졌으면 하는 것이 솔직한 마음이다.

오묘한 삶에 조화의 끈을 엮어낸 음양과 오행

이 세상의 절반은 여자다. 이 세상의 절반은 남자다. 내가 아니면 남이다. 고향이 아니면 타향이다. 작은 것이 있어야 큰 것이 존재한다. 돌멩이가 있으니 흙이 눈에 들어온다… 땅 위에 자리잡고 있는 삼라만상은 움직이는 생물이든, 한자리에 붙박이로 앉아 있는 무생물이든 모두 상대적으로 견줄 수 있는 대상이 있어야만 비로소 존재의 값어치가 찾아진다.

아인슈타인이라는 서양 과학자가 금세기에 들어와서야 얻어낸 놀라운 발견인 상대성 이론은 이미 우리 조상들의 삶 속에

깊숙이 들어앉아 있었다. 하늘이 있기에 땅이 있고, 진자리가 있어야 마른자리가 있고, 어둠이 있어야 밝음이 존재한다는 것 말고도 우리 조상들은 일체의 사물이 서로 제각각 떨어져 있는 것이 아니라고 여겼다. 조각이 전체를 이루고, 조각과 조각이 서로 맞물려 교감을 주고받는다는 상대적인 철학을 일찍부터 생활에 적용했다.

이런 세계관과 철학을 갖고 있었기에 어느 한 시대, 이웃 나라, 이웃 민족의 침탈을 당하지 않은 적이 없을 만치 고난이 많았던 우리 겨레가, 한 나라 한 민족이라는 세계적으로 드문 오늘을 지켜낼 수 있었으리라.

상대성의 철학은 음과 양, 어둠과 밝음으로 응축된다. 이름하여 음양의 철학으로 불리는 이것은 우리 겨레가 올곧은 삶을 지탱할 수 있었던 정수가 아닐까.

음양론은 본디 태극에서 출발

음양의 철학은 겨레의 생활에 폭넓게 작용을 했다. 산자들이 몸을 눕히고 희로애락을 맛보던 집을 지을 때도, 한많은 이승 살이를 마치고 저승으로 떠난 육신을 흙 속에 모실 때도 음과 양의 교감을 중요하게 생각했다. 또 이성이 화합해 일가를 이루는 혼인 당사자를 선택할 때도 음과 양의 조화로운 기운을 따져 어느 한쪽이 성하거나 어느 한쪽이 모자라면 아예 청혼도 넣지 않았다. 몸이 병들어 고통을 받을 때도 음양의 철학은 적용되었다. 아픈 이의 상태를 보아 음기가 많아서 생기는 병, 양기가 가라앉아 생기는 병을 구분해 치료 방법을 결정했다.

이 세상을 감싸는 기운이 저마다 다르고, 그 성질이나 모양이 제각각이라는 다양성의 사고에서 나온 음양론은 본디 태극에서 출발한다. 태극이 움직여 양을 만들고, 또 양의 활동이 극에 이르면 고요함에 빠진다. 고요한 것은 또 음을 낳고 그 고요함이 극에 닿으면 다시 움직임이 뒤따라 생겨난다는 것이다. 즉 한 번은 양의 움직임이, 한 번은 또 음의 고요함이 번갈아 일어나 서로 양과 음, 음과 양의 뿌리가 되었다가 다시 음과 양이 성립된다고 보았다. 이를테면 『반야심경』에서 나오듯 '공즉시색', '색즉시공'의 우주관을 갖고 있었던 셈이다.

아직도 음과 양, 오행사상을 소중하게 간직하는 이들이 많다. 김제 도통사 공양간에 있는 조왕단에서도 음양 순환이 느껴진다.

그래서 조상들은 남자는 양이요, 여자는 음이다. 땅은 음이요, 하늘은 양이라는 상대적인 관념을 늘 가슴에 담고 살았다. 하지만 이렇듯 극단적인 이원론에만 매달려 살지는 않았다. 양의 세계로 간주했던 낮에도 아침부터 해가 중천에 오르는 정오까지는 양중의 양으로, 정오가 지나 땅거미가 내리는 시간까지는 양중의 음이라는 양이 음이요, 음이 양이라는 포용력 넘치는 역(易)의 사고, 변화의 사고를 가졌었다. 음의 세계인 밤 역시 매한가지였다. 해가 져서 자정까지는 음중의 음으로, 자정부터 동틀

녘까지는 음중의 양의 시간으로 여겼다. 이것은 곧 양은 음으로 가고, 음은 양으로 온다는 '음양 순환'의 융통성을 의미한다.

때문에 우리 조상들은 현실이 고달프고 힘들어도 다가올 미래를 생각해 쉽게 자포자기하지 않았다. 오히려 힘든 역경에 처할수록 더 강한 의지로 현실의 위기를 극복하는 힘을 얻었다. 밤이 지나면 동 트는 아침이 온다는 것을, 산마루를 넘으면 내리막길이 나온다는 것을 알고 있었기에 늘 다가올 날을 은근과 끈기로 기다리고 준비하는 저력이 생겨났던 것이리라.

오행은 팔, 다리, 눈, 코, 귀 등의 감각기관

목화토금수(木火土金水)로 상징되는 오행설 역시 눈여겨볼 대목이다. 본디 오행은 우주를 감싸는 하나의 기운 즉 태극이 변화해가는 과정, 또 그 변화 속에서 서로 화합하고 갈등하는 모양을 규명해놓은 것이다. 음양이 몸뚱어리라면 오행은 팔, 다리, 눈, 코, 귀 등의 감각기관이라고 한다면 옳은 표현이 될까.

오행설은 『서경』의 '홍범구도'의 하나인 오행에서 비롯되었다고 한다. 이것은 목(木)·화(火)·토(土)·금(金)·수(水)의 순서로 이루어졌다. 이것은 나중에 오방이니 오색이니, 오계니 하는 삶의 변화에 따라 다양한 생활규범으로 모습을 바꾼다.

우선 목화금수는 동서남북의 네 방위를 나타냈다. 목은 동쪽을, 화는 남쪽을, 금은 서쪽을, 수는 북쪽을 의미했다. 토는 이들 네 방위를 지탱해주는 정 중앙에 자리잡고 있었다.

이것은 또 제각기 색을 가지고 있을 뿐만 아니라, 시고 쓰고 달고 맵고 짠 맛도 갖고 있었다. 또 간장이니, 심장이니, 비장이니, 신장이니 하는 오장과도 서로 유기적인 관계를 맺고 있

실상사 어귀를 지키는 석장승은 절집을 보호해주는 지킴이다.

어 병이 나면 음양의 이치뿐만 아니라 오행으로도 균형을 맞추어 고통을 덜어내려 했다. 요즘 들어 건강에 관심 많은 이들이 즐겨 입에 올리는 사상체질이니 하는 것도 이런 오행의 철학에 그 뿌리를 두고 있는 셈이다.

자, 그렇다면 오행에 대해서 좀더 그 의미를 살펴보자. 『서경』의 '홍범구도'에서 일러준 오행의 성질은 이렇다.

물은 부드러운 것이 아래로 흐르고, 불은 불길이 되어 위로 올라간다. 나무는 곧은 것이 구부러지고, 쇠붙이는 마음먹은 대로 변화시킬 수 있다. 흙은 곡식을 심고 걷어들이게 해준다.

조상들은 감나무에는 사람이 따를 수 없는 온화하고, 양순하고, 공손하고, 검소하고, 겸양하는 다섯 가지의 덕과 오상과 오색 등이 깃들어 있다고 여겼다.

오행의 목화토금수에 제각기 상응하는 맛을 붙여놓은 까닭을 살펴보는 것도 재미있다. 목이 신맛을 상징하는 것은 나무의 껍질을 짠 액이 신맛이 나기 때문이며, 화가 쓴맛을 관장하는 것은 불에 타고난 재가 쓴맛을 갖고 있기 때문이라고 한다. 또 금이 매운맛을 띄는 것은 쇠붙이가 살갖을 찌르는 아픔이 매운맛 같은 까닭이며, 흙이 단맛을 대표하는 것은 토양은 단맛을 갖고 있기 때문이라고 보았다는 것이다.

상생, 상극 그리고 오륜

오행은 또 두 가지 기운이 서로 화합하거나, 서로 누르는 관계를 파악하는 데 이용되었다. 즉 하늘에 서려 있는 천기의 도움을 받아야 할 만치 큰 일을 도모할 때, 남녀간의 이성지합을 이루는 혼사를 논할 때, 하다 못해 그날그날 외출을 할 때 어느 쪽 방위로 나가야 해가 없을까를 따질 때도 오행은 빼놓을 수 없었다.

상생은 서로 화합하여 낳게 해주고 돕는 관계다. 이것은 목생화(木生火), 화생토(火生土), 토생금(土生金), 금생수(金生水), 수생목(水生木)의 사이를 말한다. 즉 나무는 서로 부딪치다가 불을 만들고, 타고난 재는 흙이 되고, 쇠붙이는 흙 속에 숨어 있고, 쇠붙이는 대기 중의 물기운을 냉각·응집시켜 물방울을 맺히게 하고, 나무는 물을 주지 않으면 말라죽는다는 자연의 섭리를 표현하는 것이다.

반면에 상극은 서로 이겨먹고 누르려드는 도움이 되지 않는 관계를 의미한다. 수극화(水克火), 화극금(火克金), 금극목(金克木), 목극토(木克土), 토극수(土克水)가 오행상의 상극인 셈이다. 이런 관계가 성립되는 것은 불은 물이 끄고, 나무를 베려들 때는 도끼 같은 쇠붙이가 필요하고, 쇠붙이는 불로써 녹이고, 흙을 파려면 나무자루가 필요하고, 물의 흐름은 흙으로 둑을 쌓아 막을 수 있기 때문이다.

오행은 또 오상(五常) 즉 오륜의 인의예지신(仁義禮智信)을 세우는 데도 한몫을 했다. 즉 오상으로써 아버지는 의리로, 어머니는 자애로, 형은 우애로, 아우는 공경으로, 자식은 효도로써 살아가는 사람 도리를 일깨웠다.

지금 우리가 그저 손쉽게 동대문이니, 남대문이니, 서대문이니 부르는 조선시대의 유물도 본디 이름은 동서남북의 인의예지신 오상의 인간관, 세계관을 품고 있는 상징이었다. 동대문으로 불리는 동쪽의 문은 흥인지문(興仁之門), 국보 제1호로 대접받는 남대문은 숭례문(崇禮門), 지금은 흔적도 없는 서대문은 돈의문(敦義門), 세검정 넘어가는 길가에 있는 서울의 북문 구

바람을 막고, 사람이 출입하는 문의 간살에도 음양오행 철학은 배어 있다.

실을 한 홍지문(弘智門). 또 정월 초하룻날 새 시작을 알리는 제야의 종소리로 기억되는 종각의 보신각(普信閣)….

다행히 이들 유물이 이제 뒤늦게나마 제 이름을 찾게 되어서 한없이 반갑다. 단순히 옛 이름을 찾은 것뿐만이 아니라, 이제부터 사람 사는 도리를 지키며 살자는 의지의 소산이 아닌가 여겨진다.

인간의 도리를 음양오행에서 찾던 조상들의 슬기

아무튼 음과 양의 씨줄과 날줄, 오행의 가지가 우리 조상들의 삶의 곳곳에 서려 있었던 것은 엄연한 사실이다. 파랑 빨강 노랑 하양 까망의 오방색도 그렇고, 후세에게 교훈을 주는 경구를 삼을 때도 유독 다섯 개를 좋아했다. 화랑의 세속오계도 그렇거니와 삼강오륜의 오륜, 풍류를 읊던 오언절구의 싯구절, 차이가 있긴 있되 본질적으로는 매양 한가지라는 넉넉한 마음을 드러내는 오십보 백보의 느긋한 생활방식, 여러가지 빛이 섞여 찬란한 모양새를 보일 때 즐겨 쓰던 오색영롱… 생활 속에 숨어 있는 다섯 개의 오행철학을 찾으려 들자면 밤을 하얗게 지새어도 끝간데 없을 듯싶다.

그 중 하나 대추, 밤 등과 어울려 조율시이(棗栗柿梨)라 하여 조상의 유업을 기리는 제상에 빠지면 큰일이 나던 감 역시 조상들이 그것을 높이 산 까닭이 있었다.

조상들은 감나무에는 사람이 따를 수 없는 온화하고, 양순하고, 공손하고, 검소하고, 겸양하는 다섯 가지의 덕이 있고, 오상과 오색 등이 깃들어 있다고 여겼기 때문이다. 이것은 감나무가 수백년을 사니 목숨이 길고, 새가 깃을 들지 않고, 벌레가 꾀질 않으며, 그보다 단 과실이 없으며, 나무가 단단하길 비할 데가 없다는 점을 높이 샀다. 또 나무줄기가 검고, 잎은 푸르고, 꽃은 노랗고, 열매는 붉고, 깎아서 말린 곶감은 하얀 분이 피어난다 하여 오색을 간직한 귀한 나무요, 과일로 쳤던 것이다.

문명이 발달하고 살기가 팍팍해질수록 사람 사는 예의염치, 인간의 도리를 음양오행에서 찾던 조상들의 슬기를 지금을 살아가는 우리들이 새겨듣고 따라야 할 일일 듯 여겨진다.

장도, 정절과 지조가 살아 있다

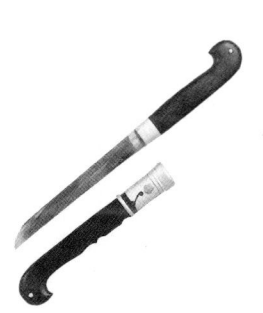

사람에게 언제부터 칼이라는 물건이 존재했을까. 박물관의 유물 중에 제법 형태를 갖춘 석기시대의 돌조각들이 번듯하게 자리를 잡고 있는 것을 보면, 모르긴 해도 사람과 칼은 태어나고 살아온 생명의 궤적이 엇비슷하리라.

칼은 시퍼렇게 날이 서 있는 무사의 검이거나 부엌 도마 위에서 '콩콩콩' 음식을 다지는 것이지 마음 편히 푸근하게 와닿는 그런 물건은 아니다. 크기가 크든 작든, 날이 무디든 예리하든 사람을 아니 살아 있는 생명을 해칠 수 있는 힘을 갖고 있어서이다.

하지만 썩 마음에 와닿는 그런 물건은 아니어도 그 칼이 우리 삶에서 사라진다는 것을 생각하면… 암담하다. 아침에 당장 사과 한 쪽도 깎아먹을 수 없을 테니 그 불편함을 어디에 비길까.

그렇다. 칼이 우리 곁에 존재하는 것은, 필요한 것은 세상 돌아가는 이치와 너무도 닮아 있다. 달갑지 않아도, 썩 마음에 흡족하지 않아도 더불어 살아야 하는 그런 사람들이 우리가 모여 만든 세상에는 얼마나 많은가.

세상 따라 변해버린 칼의 의미

사전에 올라 있는 칼의 뜻은 우리가 일상에서 느끼는 그런 범주에서 결코 벗어나지 않는다. 칼——물건을 베고 썰고 깎는 연장. 그러나 요즘에는 어떤가. 물건을 베고 썰고 깎는 연장인 칼을 자신의 목적을 이루기 위해 사람을 위협하고, 찌르고, 난자하는 흉기로 둔갑하는 경우가 점점 늘어난다. 사람 사는 모습이야, 사람 사는 방법이야 시간이 흐르고 세월이 지나면 변해가는 게 자연스럽다. 강산도 10년이면 변한다는데… 한낱 미물에 지나지 않는 사람의 살이가 변하지 않는다는 것은 오히려 우습다. 아니 하늘의 뜻을 거스르는 일이 된다.

그렇지만 사람이 변해도 분수라는 것이 있다. 최소한 사람이라는 이름 값에 걸맞게 변해가야 한다. 사람이 제 자신이 먹이를 주어가며 기르는 개, 돼지보다 못하게 변해버린다면 그것만큼 서글픈 일이 또 어디 있겠는가.

그러나 요즘에는 칼로 인해 그런 서글픔을 느끼는 일들이 숱하게 벌어진다. 피를 나누지 않은 다른 이는 잠깐 젖혀두자. 제 몸을 만들어주고 피를 나눠준 아버지 어머니까지 자신의 목적

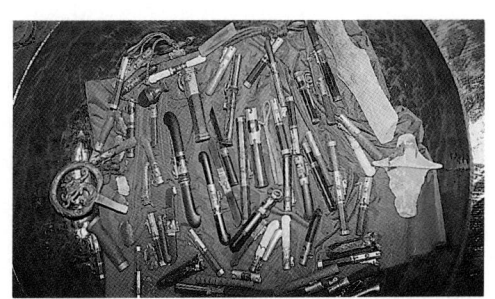
장도장 박용기 씨가 갖고 있는 다양한 생김의 장도들. 을자장도, 첨사도, 사각도, 팔각도 등으로 그득하다.

을 이루기 위해 칼로 찌르고 죽이는 형편이니 그 슬픔을 더이상 어떻게 옮겨적을까. 만나는 이들마다 인사를 나누며, 자식에게 칼맞아 죽지 않으려면 그날그날 벌어서 그날그날 먹고 써야지 공연히 재산을 모아놓으면 비명에 간다는 말을 공공연하게 할 정도가 되었으니 말이다.

어쩌다 우리 살아가는 세상이 이렇게 난감하게, 심란스럽게 변해버렸는지….

그 원인을 찾자면 수없이 많다. 털어보아 먼지 안 나는 이, 하늘 아래 머리를 세우고 산다면 없을 터. 세상이 이렇게 험악하게 돌아가게 된 것을 우리 모두는 함께 아파하고 함께 책임을 져야 한다. 어느 한쪽만 일방적으로 매도하고, 욕하고 넘어갈 수 있는 문제가 아니라는 이야기다.

생각 바로 박힌 이라면 그 누구나 느끼듯, 이런 세태의 변화는 우리의 가슴속에 물질로 쌓아올린 겉모양을 좇는 마음이 지나치게 웃자라 있기 때문이다. 돈이 있어야 사람 대접을 받는다 생각하고, 돈이 있어야 편하게 살 수 있다 믿기에 이런 일들이 밝은 하늘 아래에서도 버젓이 벌어지는 것이다.
 객쩍은 소리를 모두 지운다면 나만 아는 이기심이 이런 세상을, 인간성이 피폐된 물질만능의 시대를 만들었다고 한마디로 결론을 내릴 수 있겠다.

정신세계를 환하게 비추어주는 치레살림
 이런 스산하고, 허전한 마음이 들 때면 머릿속을 비집고 들어오는 생각 하나. 콩 한 쪽도 갈라먹을 줄 알던 전통사회의 우리 조상들의 삶의 모습이 그리워진다.
 헐벗고 굶주려도 결코 남의 것 거저 탐내지 않던, 예의염치(禮義廉恥)를 지켜가며 살았던 우리네 선조들의 삶. 그것은 사람과 더불어 살아가는, 산과 들의 자연에 순응해 살아가는 순박하고 티 묻지 않은 정신이 마음속에 올곧게 자리잡고 있었기 때문이리라.
 솔가지를 스쳐 지나가는 바람소리에도 귀기울일 줄 알고, 하늘에 떠 있는 먹장구름도 예사롭게 넘기지 않던 것은 따사로운 인간미가 없었다면, 자연을 벗삼을 줄 아는 여유로움이 없었다면 불가능한 일이었을 것이다.
 이런 마음은 조상들이 사용했던 하잘것없어 보이는 작은 살림살이 하나하나에도 듬뿍 배어 있다. 그 중 하나가 장도다. 여인들은 가슴에 품고, 남정네는 허리에 차던 그 장도는 우리 조상들의 정신세계를 환하게 비춰주는 치레살림이자 생활필수품이었다.
 왜, 하필이면 날이 서 있는 칼을 들추어내려고 하는가. 섬뜩

한 느낌까지 안겨주는 칼에서 어떻게 정신을 찾아내려고 하는가.

장도는 여인네에겐 자신의 정조와 절개를 굳게 세우고 지키는 상징물이었다. 남정네들에겐 의리와 충정을 갈고 닦는 인격 수양의 대상물이었다. 장도가 이런 의미로 쓰였음은 남을 해치는 공격용이 아니라, 자신을 지키는 방어용이었다는 점에서 더 분명해진다. 굴욕을 당했을 때, 귀한 자신의 목숨을 스스로 끊는 비장함이 깃들어 있는 물건이었다.

이런 까닭에 사대부 집안에서는 사내든, 계집이든 나이 열다섯이 되어 관례를 올릴 때 장도를 건네주는 일을 잊지 않았다.

장도를 건네주는 그 자리는 이제 제대로 사람 몫 —— 어른이 되는 것 —— 을 하게 된 것을 기뻐하고, 어른으로서 자신의 행동에 대한 책임을 지우는 엄숙함이 흘러넘쳤다.

딸의 품속에 장도를 채워주던 어미는 장도에 담겨 있는 깊은 뜻을 새겨주는 일을 잊지 않았을 것이다.

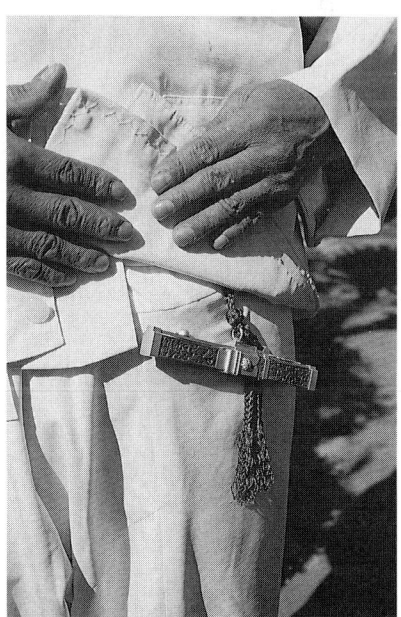

장도에는 남을 해코지하는 쓰임은 없었다. 자신의 명예와 정절을 지키기 위해 스스로를 불사르는 차원높은 철학이 있을 뿐이다.

"장도는 모름지기 명예를 지키는 데 써야 하느니라. 한 지아비의 여인으로서 너의 정절을 지키는 물건이니 잘 간직해야 할 것이다."

아들의 허리춤에 장도를 매달아주던 아비인들 그 물건의 의미를 알려주지 않았겠는가.

"이것은 사내 대장부의 충절을 지키고, 가문의 명예를 살리는 물건이니 항상 간직하며 그 뜻을 새기는 일을 잊지 말거라."

어렸을 적부터 예의범절을 익히고, 사람 사는 바른 도리를 배워온 그 아이들이 성인이 되는 엄숙한 의식을 치르는 그 자리에서 이런 가르침을 또 받았으니 어찌 한치인들 사람으로서 어긋난 길을 걸을 수 있겠는가. 혹 그런 마음이 들었다손치더라도 부모가 건네준 장도에 눈길이 가면, 산란해진 마음을 가라앉히고 가슴에 차올랐던 나쁜 생각을 스스로 지워내지 않고 배길 수 있었겠는가.

이랬다. 우리네 조상들은 통과의례를 올리면서도 일정한 격식을 갖춰 앞으로 바르게 살아 나갈 수 있는 정신적인 밑천을 북돋고, 가꿔주는 일을 잊지 않았다.

하지만 요즘은 어떤가. 아이들 생일잔치도 고급 음식점 아니면 호텔에 가서 치러주어야 부모 노릇 한다고 생각하는 이들이 적지 않다. 또 자식들에게 물질적으로 풍족하도록 해야 부모의 할 노릇을 잘 한다고 여기는 이들도 많다.

세상이 이런 형편이다. 보고 배운 것이 모두 이런 식이니 해가 중천에 떠 있는 대낮에도 유산을 노리고 부모를 칼로 찔러

죽이는 패륜아가 나오지 않고 배길까. 지난 한 해에만 자식이 부모를 죽인 사건이 서른두 건. 차마 입에 올리기에도 끔찍스럽고, 듣는 것만으로도 밥맛이 싹 가시는 일이지만 이게 바로 우리가 숨을 쉬며 사는 세상의 형편이다.

장도는 자신의 심성을 가다듬던 물건

하지만 세상 일은 늦었다고 생각할 때 오히려 **빠른 법**. 허물어져가는 인류 도덕을 한탄만 할 게 아니라, 인간성이 땅에 떨어졌다고 혀만 끌끌 찰 것이 아니라 뚫린 구멍은 막고 부서진 곳은 일으켜세워야 한다. 그래야 살맛 나는 세상이 다시 펼쳐질 테니 말이다.

다행히 우리 곁에는 메말라버린 인간성에 불을 당길 불씨가 꺼지지 않고 남아 있다. 그 불씨로 **활활 불꽃**을 일으킬 장작도 많다. 그 불씨는, 그 장작은 조상들이 남긴 작은 살림살이에서부터 동구 밖 느티나무 당산에 이르기까지 눈 크게 뜨면 숱하게 많다.

그 중 하나가 규방의 여인이나 사랑채의 남정네들의 품에 매달렸던 장도다. 지조를 세우고, 절개를 지키기 위해 간직하던 손바닥 크기보다 작은 그 장도에서 우리는 추락해버린 인간성의 회복을 꿈꿀 수 있다. 장도는 남을 해코지하는 물건이 아니라 자신의 심성을 가다듬던 물건이었기에.

다행히 아직 장도는 만들어진다. 전라도 광양 땅에서 옛 방식에 어긋나지 않게 장도를 만들어내는 장인 박용기. 그는 피폐된 정신문화를 바로 세우겠다는 소망을 자신이 만들어내는 장도에 아로새긴다. 날선 금속의 칼 끝에 혼을 불어넣는 일손을 멈추지 않는다.

쇳가루를 불에 녹이는 풀무질에서 칼날을 칼자루에 박아넣는 '수내박기' 마지막 작업에 이르도록 수십 가지의 공정을 거쳐야 하는 장도 만들기는 예사로이 넘볼 수 없는 일. 커본들 5치(15cm), 작으면 3치(9cm) 남짓한 장도 하나를 만들기 위해 장인은 화덕, 풀무, 보래, 거도, 도간, 모루, 물줄이, 쇠망치, 줄, 활비비, 숫돌, 가위, 대패, 찌구, 불살개, 국화정 등 적게는 50개 많게는 2백여 개의 공구를 자유자재로 다룰 줄 알아야 했다. 그 중 하나라도 제대로 다루지 못하면 품새 있는 장도가 만들어지지 못했기에 장도는 다른 공예품들보다 더 귀한 대접을 받았는지 모를 일이다.

은장도 만드는 과정에 녹아든 장인정신

많은 이들이 자신의 목숨처럼 귀하게 여겼던 은장도 만드는 과정을 따라가 보자.

장도를 만드는 일은 네 가지로 구분된다. 원장석과 부속품을 만드는 일, 칼자루와 칼집을 만드는 일, 칼날을 만드는 일, 이들 모두를 품새에 맞게 맞추는 일.

은을 불에 녹이는 풀무질이 끝나면, 그 은은 모루 위에 올려놓고 쇠망치로 두들긴다. 두들기고 또 두들겨 얇은 은판을 만드는 일은 아무나 할 수 있는 일이 아니다. 장인의 솜씨가 필요하다. 잘못 두드리면 은판이 갈라지기 쉬우니 불에 자주 달궈가며 망치질을 해야 한다.

이제 은판을 원하는 모양으로 오려낼 차례. 칼집, 칼자루에 붙일 은 장식은 칼집, 칼자루의 재질에 따라 장도의 모양에 따

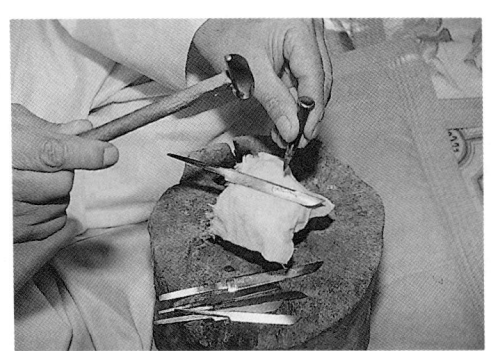

칼날에 명문을 새겨 장도를 간직하는 이의 마음을 다잡는 것도 장도에서 빼놓을 수 없는 것이다.

라 달라진다. 태극 문양도 오려내고, 국화정을 이용해 칼집에 모양을 얹을 국화 이파리도 오리고…이렇게 오린 은판은 다시 장도의 크기에 맞추어 은땜을 해야 한다.

칼집과 칼자루는 남정네, 여인네의 쓰임을 결정해주는 것. 모양이 크고 각이 진 것은 남정네들이, 모양이 작고 동글납작한 것은 여인네들이 품에 간직하게 마련이었다. 칼집과 칼자루의 모양과 재질에 따라 장도는 다른 이름을 갖게 되었다.

금과 은 장식을 붙여 만든 화각 장도는 금은장화각도, 금 장식을 흑단에 붙여 만든 을자(乙字) 모양 장도는 금장흑단을자맞배기장도, 은 장식에 젓가락을 붙여 만든 장도는 은장첨사도, 금과 은 장식을 팔각으로 깎은 흑단에 붙인 장도는 금은장흑단팔각도, 금과 은 장식을 옥에 붙여 십장생 문양을 새긴 장도는 금은장십장생문옥장도….

칼집과 칼자루 만드는 일이 끝나면, 칼날을 만들 순서. 칼날은 제아무리 작은 장도여도 칼의 쓰임새를 다 해내야 하므로 물건이 잘 잘라지고, 모양 또한 아름다워야 했다. 칼날에 사용될 강철은 풀무에서 1천 도 이상으로 벌겋게 달군 다음 모양을 만든다. 달궈진 강철을 쇠망치로 수십 차례 두들기면 칼날의 형태가 나온다. 이 두들기는 일도 장인의 오랜 경험이 쌓여야 하는 것. 너무 두들겨도, 덜 두들겨도 좋은 칼날이 아니 되는 법이다.

칼날의 형태가 나왔다고 칼날 만들기가 끝나는 것은 아니다. 아궁이에 짚단을 듬뿍 넣은 다음 그 속에 두들긴 칼날을 넣고 불을 지핀다. 지푸라기에 감싸인 채로 불에 익고 익은 칼날은 호박처럼 물러져 날에 명문을 새기거나 상감기법으로 화려한 모양을 내기 좋다.

장도를 만드는 마지막 작업, 수내박기는 조상들의 지혜로움이 유감없이 드러나는 것. 칼자루에 칼날을 박는 이 작업을 시작하려면 장인은 소나무에서 채취한 송진을 불에 녹이는 일부터 서두른다. 송진을 녹여 칼자루 속에 넣은 다음 정성, 또 정성을 들인 칼날을 단단하게 고정시킨다. 칼날을 칼자루에 박기 위해 송진을 쓰는 까닭은 나중에 사용하다가 혹여 칼날이 빠지더라도 쉽게 수선을 하기 위함이다. 아교를 사용하면 접착력은 좋되 나중에 칼날이 빠졌을 때, 수선이 매끄럽게 되지 않을 뿐더러 그 과정에서 귀하게 만든 칼자루에 흠집을 남기기 때문이다.

하지만 송진을 녹여 칼날을 고정시켜 놓으면, 칼날이 빠졌을 때 불에 칼자루를 살짝 달구면 송진이 다시 물러져 칼날을 다

손바닥 크기의 장도를 만들기 위해서는 원장석과 부속품, 칼자루와 칼집, 칼날, 이들 모두를 품새에 맞게 맞추는 여러 공정을 거쳐야 한다.

시 끼우기가 손쉽다. 칼자루에 칼날을 다시 박기 위해 속을 후벼파지 않아도 되었으니 뒷일까지 미리 대비를 했던 그 철저한 장인 정신에 어찌 감탄하지 않을 수 있으리.

장도의 복원을 위하여

이렇게 장인의 손길에 닿고 또 닿은 끝에 완성된 장도는 사대부의 남정네나 여인네의 품속으로 들어갔다. 그들의 지조와 절개를 지키고, 명예를 세우는 분신으로서 그 역할을 톡톡히 했던 것이다.

그렇다고 장도가 이런 정신적인 의미만 담고 있었던 것은 아니다. 장도는 실용성 또한 뛰어났다. 문방구의 하나로서 종이를 자르거나 나무를 다듬고 과일을 깎는 데도 요긴하게 쓰였다. 부인들이 지녔던 장도는 첨자도(添子刀)라 하여 젓가락, 귀이개, 과일고지 등이 붙어 있는 것도 많았다. 이들 젓가락이나 귀이게, 과일고지 등은 본래의 용도로도 쓰였지만 음식물의 독을 감별해내는 역할을 하기도 했다.

어디 이것뿐이랴. 칼자루에 붙어 있는 호박, 패류 등의 장식은 눈요기감 말고도 쓰임이 따로 있었다. 갑자기 몸에 상처가 나 피가 흐를 때는 장도에 붙어 있는 호박, 조개 장식을 장도로 깎아 흐르는 피를 멈추게도 했다 한다.

하지만 뭐니뭐니 해도 장도는 충절의 도를 지키기 위해 간직되던 치레살림. 임진왜란이 벌어진 몇 년 동안 왜놈들에게 자신의 몸을 더럽히지 않으려고 장도로 스스로 목숨을 끊은 부인네들 또한 적지 않았고, 수양대군이 어린 조카 단종을 몰아냈을 때 죽음을 불사하고 이를 말렸던 그 가족들 또한 장도로 제 목숨을 끊어 노비로 팔려가는 한탄스런 신세를 면하기도 했다.

이런 장도인 까닭에 오늘날까지 남아 있는 장도 유물 중에는 눈여겨볼 만한 것들이 많다. 장도에 새겨진 부귀문, 수복문, 다남문, 안녕문, 절개문 등 다양한 문양이 바로 그것이다. 잘살고, 장수하고, 아들 많이 낳고, 편안하고, 지조와 절개를 세우면서 살아가고자 하는 애틋한 바람을 장도에 아로새겨 넣었던 것이다. 그 문양들은 갖는 이의 취향과 소망에 따라 십장생이 되기도 하고, 박쥐가 되기도 하고, 나비가 되기도 하고, 매화·난초·국화·대나무 등의 사군자가 되기도 했다.

그러나 어디 퇴색된, 사라져버린 우리의 전통이 하나둘뿐이랴만 장도 또한 그 쓰임새나 간직하던 의미는 박물관에 박제된 상태로 남아 있는 형편이다. 요즘 세상에 그 누가 자신의 명예를 지키겠노라며 스스로 자결을 할 만큼 마음을 더럽히지 않은

이 있겠는가. 오히려 눈앞의 자신의 이익을 위해 남을 밟아야 한다고 여기는 이들이 많은 세상인데….

하지만 물질만능의 이 시대에, 자신만을 아는 이기심이 극도로 판을 치는 이 시대에 장도는 더욱 절실하게 필요하다. 그 속에 움터오르는 고귀한 정신을 배우고, 스스로 갈고 닦아나가기 위해 우리는 장도를 품속에 넣어야 한다.

그리하여 우리는 말 못하는 무생물인 장도가 가슴에 전해주는 이야기들을 들어야 한다. '사람은 모름지기 사람의 도리를 다하고 살 때, 예의염치를 지킬 줄 알 때 사람의 값어치를 하는 것'이라는 장도의 교훈을 언제, 어디서나 가슴 깊이 새겨넣어야 한다.

부 록

아련한 향수와 추억을 불러일으키는 인사동, 인사동 거리
전통의 향기를 피워내는 소중한 사람들

아련한 향수와 추억을 불러일으키는
인사동, 인사동 거리

　인사동에는 빛바랜 추억이 있다. 인사동에는 지나간 날의 삶의 기록이 숨을 쉰다. 이제는 자취를 감춘 옛날이 살아 있다. 은비늘 생생한 물고기의 팔딱거림 같은 생기가 넘실댄다.
　매서운 칼바람이 살갗을 파고드는 엄동설한, 나뭇가지에 파란 움이 터오는 이른 봄날, 꽃잎이 흐드러지게 입술을 내미는 늦은 봄날, 삼복염천의 더위가 포도를 녹이는 여름날, 노란 은행잎이 거리를 나뒹구는 가을날… 인사동은 지나온 날들을 보태거나 빼는 일 없이 있는 그대로 드러내고 있다.
　마음속에서 낙엽 구르는 소리가 날 때, 보글보글 끓어오르는 산란함으로 가슴이 답답하고 머리가 어지러울 때 안국동 로터리에서 종로로 이어지는 그 길, 인사동 골목을 걸어보자. 진열장 너머 풍경들에 빨려 걷다보면 어느새 마음은 가라앉는다. 코끝을 후비며 들어온 은은한 향내가 핏줄을 따라 돌고 또 돌아 온몸을 훈훈하게 덥힌다.
　인사동에는 소박한 마음을 지닌, 세상의 물정에는 눈이 어두

60여 년 넘게 고서를 취급하는
'통문관'은 인사동의
터줏대감이다.

운 사람들이 곳곳에서 둥지를 틀고 있다. 언제든 그 자리를 지
키고 있다가 자신의 둥지에 깃든 사람들을 반갑게 맞아들인다.
계산속 없이 내미는 향기 나는 차 한 잔을 앞에 놓고 이 이야
기, 저 이야기 두런두런 주고받노라면 시계바늘은 멈춰선다. 한
시간도 좋고 한 나절도 좋다. 누에고치에서 풀어낸 명주실마냥
이야기 보따리로 언덕을 쌓고 태산을 쌓아올린다. 더러는 가슴
답답한 사연들을 서리서리 풀어내어 터질 듯 괴롭던 마음을 정
갈하게 씻어낼 수도 있다.

 인사동 그 거리에는 참으로 많은 집들이 있다. 60여 년 긴
시간을 묻어둔 고서 전문점 '통문관'이 있고, 앞선 시대를 살다
간 어느 누군가의 손때가 진하게 묻어 있는 '예나르' 같은 고
미술품 전문점이 있고, 가슴을 스미고 들어오는 향기가 코를
벌름거리게 하는 '귀천' 같은 찻집이 있다. 봄, 여름, 가을, 겨
울 사계절 내내 끊이지 않고 그림전을 여는 화랑들이 있다.

 그뿐이랴. 인사동 그 골목에는 천 년 세월을 견딘다는 우리

붓을 파는 필방, 그림을
보여주는 화랑 같은 곳도
인사동의 향기를 만드는 소중한
공간이다.

네종이, 한지를 파는 가게도 있고, 차 마시는 즐거움을 돋우는 차 도구를 파는 가게도 여럿 있다. 더불어서 담백한 맛이 오래도록 남는 우리 먹을거리를 파는 옴팍한 음식점도 참으로 많다.

이를테면 잃어버린 고향 같은 공간, 향수를 새록새록 되살리는 곳이 바로 인사동인 셈이다. 까닭에 바다 건너 먼데 나라에서 살던 이들이 서울 땅에 발을 딛으면 먼저 달음박질을 해서 찾아드는 곳이 인사동이고, 파란 눈의 노란 머리를 지닌 먼 나라 사람들이 이국의 향기와 색깔을 맛보기 위해 찾아드는 곳도 바로 인사동 아니던가.

몇 십년 동안 써왔던 모국어도 만리타국 타향에서 그 나라 사람들이 쓰는 말로 의사소통을 하다 보면 그렇게 오랜 시간이 흐르지 않더라도 쉬 잊어먹고 만다. 사람이란 환경에 잘 적응하도록 만들어진 동물이어서 바뀌어버린 여건에 놀랍도록 익숙해지는 법이다. 기껏해야 30여 년 전에는 시골 어느 집에서건

아기자기한 민예품을 진열장
너머로 구경하는 일도 인사동을
거닐게 하는 즐거움이다.

불을 밝히는 데 썼던 등잔이며, 호롱이 이젠 어떤 모습을 띠고 잊는지조차 눈에 가물거리는 사람이 많다.

사람 사이에서도 자주 만나는 사람끼리는 금세 되돌아서도 할 말이 많은 법이지만, 어쩌다 스치듯 바라보는 사람은 만나도 할 말이 그다지 많지 않다. 입 속에서 많은 말들이 빙빙 돌아도 막상 어떤 말부터 꺼내야 할지 주저할 때가 생긴다.

인사동 곳곳에서 얼굴을 내밀고 있는 우리의 정서와 추억과 혼이 담겨 있는 민속품들도 마찬가지다. 처음 마주쳤을 때는 손때 묻은 살림살이들에 귀신이라도 붙어 있는 듯 생뚱맞아 보이고 꺼림칙한 마음이 들지만, 자꾸 바라보고 손길을 대다보면 왠지 모르게 정이 간다. 난생 처음 보는 물건인데도 어느 때는 어디에선가 많이 봐온 듯 친근하다. 바로 우리네 할아버지에서 아버지로 그리고 정작 자신에게로 대물림된 물보다 진한 피속에 그 물건에 대한 기억이 스며 있는 까닭이다. 이것은 과학적으로도 어느 정도 규명된 현실이다. 조상들이 누려온 삶의 방

어둠 속에서 빛을 밝히는 알전구 같은 아련한 추억을 되살려주는 곳이 인사동이다.

식들은 끊임없이 그 후손의 머리(대뇌피질)에 정보가 축적되어 대물림된다고 하지 않던가.

호주 서부에 사는 한 부시맨 종족들은 정부에서 주는 보호기금으로 안정된 생활을 누린다고 한다. 아이들도 백인들 틈에 끼어 호주 시민의 일원으로서 시민교육도 받고 있다. 하지만 이들은 주말이면 어김없이 선조들이 살았던 원시의 터전으로 아이들을 데리고 간다. 그곳에서 선조들이 했던 삶의 방식 — 먹을 것을 찾고, 추위를 피하고, 생활용기를 만드는 법 — 을 아이들에게 원시 그대로 습득시킨다. 그렇지 않으면 수천년 내려온 조상들의 삶의 방식이 머잖아 단절될 것이라는 것을 그들은 잘 알고 있기 때문이다.

그렇다. 손에 그토록 익었던 일도 한참 동안 손을 놓다가 새롭게 시작하려면 낯설고 두렵다. 시간에 여유가 있는 날, 아니면 배불리 먹어도 마음이 허전하고 갈증이 생기는 날, 인사동으로 발걸음을 돌려보자. 그 거리를, 좁게 난 골목을 따라 걷고

거리에 나부끼는 문화행사를
알리는 현수막. 인사동을
인사동답게 만드는 정경이다.

또 걸으면서 향수를 찾고, 추억을 되살려보자.

가끔은 유리창 너머 주인이 눈총을 주더라도 유리창에 코를 박고 화사하게 웃고 있는 옛 물건들을 눈이 시리도록 바라보는 것도 좋다. 반닫이, 떡살, 보자기, 소반, 장도, 도자기… 조상의 손때가 묻은 그 물건, 이름하여 골동품으로 불리는 것들이 서로 모여앉아 두런두런 주고받는 옛 이야기를 귀 쫑긋 세우고 들어보자. 그 속에는 틀림없이 사람 사는 분수와 도리를 알게 해주는 귀한 이야기가 옹달샘에 샘물 솟듯 졸졸 흘러나올 테니까 말이다.

화창한 봄날에는 인사동이 그리워진다….

전통의 향기를 피워내는 소중한 사람들
보자기

　박경숙 씨(47세). 그녀가 전통 보자기와 연애(?)를 한 지 올해로 십여 년이 넘는다. 대학에서 서양화를 전공했던 그녀는 캔버스의 천을 우리 전통 천으로 바꿔볼 생각을 하다가 우연히 우리네 옛 조각보를 접하게 되었다. 그때 조각보의 뛰어난 조형성, 추상성에 흠뻑 반해 조각보를 만들기 시작한 것이 이젠 자신과는 뗄래야 뗄 수 없는 사이가 되었다.
　"어려서 어머님께서 조각보를 이어 만드는 모습을 보긴 했었죠. 그때는 건성으로 넘겼는데, 커서 조각보를 바라보니 완전히 마음이 사로잡히더군요. 조각을 이어붙이다 보면 '나로 인해 맺어지는 인연이 있구나'라는 생각도 들구요. 전혀 다른 조각들이 한데 합쳐져서 새로운 삶을 살게 되니까요."
　이런 까닭에 그녀는 자신이 만든 조각보를 꺼내놓고 하나하나 뜯어볼 때 가장 즐겁다. 마치 오래된 추억의 사진을 쳐다보는 것처럼 말이다. 그녀는 자신이 만든 조각보를 욕심 내는 사람을 만날 때마다 스스로 만들어보기를 권한다. 바늘귀에 실을 꿸 줄 아

전통 보자기 연구가 박경숙 씨.
"조각보에는 돌고 도는
윤회의 삶이 있습니다."

는 사람이라면 그 누구든 조각보를 만들 수 있어서이다.

어머니, 이모, 낯 모르는 할머니들이 간직했던 묵은 천을 구해다가 조각보를 즐겨 만드는 그녀는 조각보 속에는 돌고 도는 윤회의 삶이 있다고 여긴다. 그녀가 만드는 조각보에는 어머니가 입었던 구식 한복 한 조각이, 할머니가 시집을 때 해온 옷감 한 귀퉁이가 서로 떨어지지 않는 인연으로 살아 숨쉬고 있어서이다.

조각보를 만드는 그녀를 가리켜 한국자수박물관장 허동화 선생이 "대한민국에서 제일 한 많은 여자"라고 놀린다며 웃는 그녀는 "인내심을 키우려면 조각보를 만들어야 한다"고 이야기한다. 조각보를 이어가려면 그만큼 시간이 더디 걸리므로 참을성이 없으면 도전할 수 없기 때문이다.

조각보의 소재로 모시를 제일 좋아한다는 그녀는 조각보를 만들기 시작한 뒤로부터 작은 천조각리 하나도 쉽게 버리지 못하는 버릇이 들었단다. 오는 봄 미국에서 첫 전시회를 열 생각이라는 그녀가 앞으로 우리 앞에 어떤 조각보를 선보일지 자못 기대가 된다.

전통의 향기를 피워내는 소중한 사람들
옹기

전남 보성군 미력면에서 옹기를 만들고 있는 이학수 씨(42세)는 9대째 내려오는 가업을 잇고 있다. 지난해 타계한 그의 선친 이옥동 옹이 중요 무형문화재 제96호 옹기장이었으니 그 아버지 밑에서 제대로 솜씨를 익힌 셈이다.

아버지가 왕성하게 일하던 때만 해도 가마에서 옹기를 구워내기 무섭게 팔려 나갔다지만 요즘은 옛날의 영화는 간데 없어 그의 옹기 가마는 일년에 많아야 서너 차례도 불을 지피지 못한다.

학수 씨가 만드는 옹기는 이름 그대로 잿물 유약을 사용하는 전통 옹기다. 옹기 표면에 윤기를 내주고, 약한 불에서도 빨리 구워지는 광명단 옹기가 판을 칠 때도 그의 선친이 전통 잿물 유약 옹기만을 고집했기에 그 뜻을 좇아 오늘도 전통 방식으로 옹기를 만들고 있는 것이다. 물론 광명단을 섞어 옹기를 만들면 돈벌이가 더 나을지는 모르나 납 성분이 들어간 광명단 옹기가 몸에 해롭다는 것을 아는 이상, 그 방법을 따를 수 없기 때문이다.

9대째 옹기 만드는
가업을 이어가고 있는
이학수 씨는 "옹기는
살아 있는 생명체"라 여긴다.

"옹기는 요즘 많은 사람들이 좋아하는 바이오 그릇들과는 비교가 안 됩니다. 옹기는 제 알아서 숨을 내쉬고 뿜으면서 제 몸 속에 들어 있는 김치, 간장, 된장 들을 잘 보존해주고 맛을 내주는 살아 있는 생명체거든요."

인간문화재 전수 장학생으로서 옹기의 새로운 용도 개발에 힘을 쏟고 있는 학수 씨는 전통 옹기의 장점을 이렇게 설명한다.

"다행히 최근 들어 우리의 옛것에 관심을 기울여주는 분들이 늘어나고 있습니다. 미력옹기도 그에 따라 옛 명성을 점점 되찾고 있는 것 같아 기쁩니다."

해마다 한두 번씩 작품 발표회를 갖는 그는 자신의 옹기에 관심을 가져주는 사람이 갈수록 늘어난다며 이러다 보면 언젠가는 집집마다 다시 옹기를 쓰는 시대가 열리지 않겠느냐고 조심스레 반문을 해온다.

전통의 향기를 피워내는 소중한 사람들
반닫이

    서른넷 나이의 조화신 씨는 올해로 소목장이(나무로 온갖 살림살이를 만드는 사람) 노릇을 한 지 18년째가 되어간다.
    "집 근처에 무형문화재 제55호 소목장으로 지정된 강대규 선생님의 공방이 있었지요. 그 당시는 선생님이 소목장으로 지정이 되기 전이었지만 옛날 가구 만드는 솜씨가 좋기로 주변에 소문이 나 있었지요. 그 소문을 듣고 그분 밑에서 일을 배우고 싶다는 생각이 들었지요. 무조건 찾아가 일을 가르쳐 달라고 말씀을 드렸지요."
    집 근처에 옛날 가구를 만드는 장인이 살아 우연찮게 소목 일을 배운 그는 지금은 강대규 선생의 전수 장학생으로 전통 소목 일의 대 잇기에 여념이 없다. 그동안 전승 공예대전에서 여덟 번이나 입선을 한 그지만 일이 완전히 손에 익기 전까지는 다른 일을 해보고 싶다는 유혹을 끊임없이 받았다.
    "하지만 그때 유혹을 뿌리치길 잘했지요. 옛날 가구를 재현하는 일이 하면 할수록 재미가 나는 일이거든요. 옛 가구를 만들면

"우리 전통가구는 한번
만들어 놓으면 몇 대를
대물려 쓸 수 있습니다."
전통가구를 만드는
젊은 소목장 조화신 씨

서 조상들의 뛰어난 기술과 슬기에 절로 고개를 숙이는 때가 많습니다."

아직도 솜씨를 익히려면 멀었다는 그는 옛 전통가구가 요즘 사람들의 관심 밖으로 밀려나는 것도 안타깝지만, 좋은 가구를 만들 원자재(괴목, 참죽나무, 먹감나무)가 갈수록 귀해져 걱정이 태산 같다.

"우리 전통가구는 한번 만들어 놓으면 몇 대를 대물려 쓸 수 있습니다. 습도에 따라 나무가 늘어나고 줄어드는 것까지 계산에 넣어 여러가지 기법으로 가구를 짜맞추거든요. 판재를 다양한 짜맞춤 기법으로 이어가는 것도 바로 이런 점을 염려했기 때문입니다."

이층장 하나를 만드는 데도 적어도 3~4개월이 걸린다고 말하는 그는 오늘도 전통가구 만드는 일에 구슬땀을 흘린다. 많은 사람들이 다시 전통가구에 관심을 기울일 날이 머잖아 찾아올 것이란 믿음으로 오늘도 묵묵히 나무를 고르고 판재를 다듬는 일을 계속해 나간다.

전통의 향기를 피워내는 소중한 사람들
대소쿠리

농가 어느 집이나 뒤꼍에 무성하게 대나무가 자라고 있는 전라도 담양은 이런 환경적인 여건 때문에 옛부터 죽세품 공예가 발달된 곳이다.

이곳에는 대나무로 엮은 예술품이라고 주저없이 이름을 붙일 수 있는 채상(대나무에 색을 입힌 상자)을 만드는 장인이 살고 있다.

국가 중요 무형문화재 제53호로 지정된 채상장 서한규 씨는 40여 년 넘게 대나무와 더불어 살아온 사람이다.

담양에서 이름난 합죽선 만드는 기술자의 아들이었던 그는 초등학교를 졸업하고 중학교를 진학하는 대신 죽세 기술을 배웠다. 솜씨가 좋아 숙련된 기술자도 하루에 8개밖에 못 짜는 대바구니를 그는 하루에 15개씩 짜내어 주위 사람들을 놀라게 하기도 했었다. 이런 그가 대바구니 만드는 일을 포기하고 채상 만드는 일에 매달린 것은 세태의 변화와 무관하지 않다.

"플라스틱 제품이 쏟아져 나오기 시작하면서부터 대나무 그릇의 인기가 떨어지기 시작했죠. 바구니 만드는 일을 포기해야 했

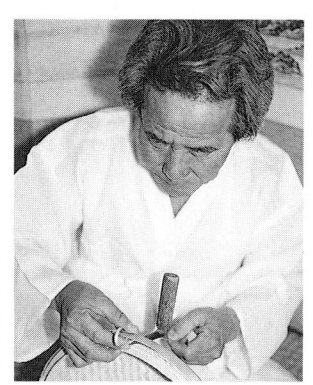

40여 년 동안 대나무를 다루어온 채상장 서한규 씨. "요즘 사람들은 그 값어치를 잘 몰라주니 서운할 때가 한두 번이 아닙니다."

을 정도였으니까요. 그러던 어느 날 할머니가 시집올 때 해오셨다는 채상이 눈에 띄더군요. '옳지 이거다' 싶은 생각이 들어 채상을 재현하는 작업에 몰입하기 시작했습니다."

대나무를 종이처럼 얇게 떠서 채상을 만들기 시작한 그는 전통을 재현하는 일뿐만 아니라 새로운 무늬 등을 새겨넣는 연구도 끊임없이 계속해 옛날에는 세 가지밖에 없던 채상 무늬를 무려 서른일곱 가지나 개발해내기도 했다.

크고작은 상자 세 개가 한 벌을 이루는 채상을 만드는 데 꼬박 열흘 이상이 걸릴 만큼 힘든 작업이어도 그는 이 일이 고되다는 생각을 한번도 해본 적이 없다. 대신 요즘 사람들이 대나무 그릇의 진가를 모르고 사는 것이 아쉬울 뿐이다.

"대나무 그릇은 나무를 잘게 쪼개서 한 올 한 올 엮어 나간 것이어서 위생적일 뿐만 아니라 가볍고 튼튼해 얼마든지 대물림도 할 수 있는 건데 요즘 사람들은 그 값어치를 잘 몰라주니 서운할 때가 한두 번이 아닙니다."

전통의 향기를 피워내는 소중한 사람들
색지함

"부친께서 골동품 사업을 하셨지요. 틈틈이 부친의 일을 돕다 보니까 골동품에 대해 자연히 가까워지게 되었습니다. 이때 오색 한지로 만들어진 골동품을 접할 기회가 많았습니다. 그때만 해도 색지 공예를 하는 사람이 없어서 이러다간 맥이 끊기겠다는 생각이 들더군요. 그렇게 색지 공예를 시작하게 된 것이 20년이 되어갑니다."

우리 곁에서 잊혀질 뻔했던 오색 한지 공예를 되살려낸 장본인인 상기호 씨(45세)는 이 길에 뛰어든 동기를 이렇게 설명한다.

맥을 잇던 스승이 없는 길을 걸어야 했던 그의 색지 공예 전통 잇기는 상태가 좋지 않은 유물들을 해체하는 작업부터 시작되었다. 옛 유물들을 해체해보면서 그는 어떤 재료, 어떤 종이, 문양의 종류, 접착 방식을 연구하는 데 몰입을 했다.

물론 그 과정에서 경제적인 어려움도 컸다. 맨날 색지 유물을 해체했다 복원했다를 반복하는 일에만 매달렸으니 돈벌이가 될 리가 없었던 것.

우리 곁에서 잊혀질 뻔했던
전통 오색 한지 공예를
되살려낸 장본인 상기호 씨

"지금 생각해보면 그 시절을 어떻게 견뎌냈는지 모르겠습니다. 하지만 이렇게 힘쓴 결과, 이제는 오색 한지 공예를 하는 인구가 많이 늘어났으니 기쁘기만 합니다."

1988년 『오색한지 공예』라는 책을 내기도 한 그는 1986년 전승공예대전에서 문예진흥원장상을 받은 것을 비롯, 각종 공예전에서 색지 공예로 30여 회 정도 수상을 한 이 분야의 일인자다.

현재 '오색한지연구회'라는 모임의 회장직을 맡고 있는 그는 강남 반포동에서 '오색한지공예연구실'을 운영하는 것뿐만 아니라 경복궁 내 전통공예관, 잠실 롯데문화센터, 중앙문화센터에 출강을 나가느라 분주하게 움직이고 있다.

요즘 젊은 세대들이 우리 전통문화에 대해 너무 무관심한 것이 안타깝기만 하다는 그는 오색 한지 공예를 좀더 체계적으로 알릴 수 있는 책을 내는 것을 서둘러야겠다며 앞으로의 포부를 밝혔다.

전통의 향기를 피워내는 소중한 사람들
부채

"선풍기나 에어컨 등의 문명의 이기에 밀려 부채가 우리 곁에서 사라지고 있는 것이 안타깝습니다. 우리나라는 세계에서도 가장 다양하고 멋스런 부채 문화를 간직했었는데 말입니다."

20여 년 동안 전통 부채 만들기에 정열을 쏟고 있는 금복현 씨(47세)는 부채가 사람들의 관심에서 멀어져가는 것이 안타깝다.

"우리나라는 사계절의 변화가 뚜렷해 나무의 무늬결이 뚜렷하고 고와 부채자루 만들기에 더없이 좋은 환경을 갖고 있죠. 또 대나무도 질기고 잘 쪼개져 부챗살 만드는 데 제격입니다. 게다가 질 좋은 한지가 많이 나니 이보다 더 좋은 여건이 어디 있겠습니까?"

원래는 조각 공예를 전공했던 그가 부채에 관심을 갖게 된 것은 합죽선 등의 접선에 매달던 선추를 수집하면서부터이다.

"손가락 굵기에 지나지 않는 선추에 갖가지 문양을 새겨넣은 우리 부채는 튼튼하기도 할 뿐 아니라 모양새도 단아하고 기품이 있지요."

"부채는 오늘날에도
그 쓰임새가 많은 물건입니다."
전통 부채 만들기에
정열을 쏟고 있는 금복현 씨

단오날 조상들이 부채를 선물하며 정을 나누던 풍습을 되살릴 필요가 있다고 생각하는 그는 부채는 바람을 일으키는 본래 용도 외에도 예술성이 뛰어나므로 집안을 장식하는 소품으로 손색이 없다고 여긴다.

그가 유감스럽게 생각하는 것은 또 있다. 요즘 만들어지는 부채 중에 일본풍의 조잡한 부채가 많기 때문이다.

"우리 부채는 부챗살을 붙이는 방법부터가 일본 부채와는 다릅니다. 살을 하나하나 붙여나간 우리의 부채는 견고하고, 그 단정한 모양새가 볼품이 있죠."

또 부채자루나 꽃지 등에 새겨진 문양의 의미도 오늘날 우리가 되살펴볼 필요가 있다고 그는 힘을 준다.

"석류 문양, 복숭아 문양, 박쥐 문양 등에도 조상들의 숭고한 정신세계가 담겨 있습니다. 이를 통해 그 정신을 되새겨볼 수 있을 뿐만 아니라 섬세한 조각에서 새로운 미를 만날 수 있거든요."

전통의 향기를 피워내는 소중한 사람들
한 복

서른여덟 김정아 씨. 그녀는 '우리옷협회'가 주관하는 제4회 우리옷 공모대제전에서 대상을 수상한 젊은 우리옷 연구가이다.

"어렸을 때부터 한복을 만드시는 어머니 곁에서 우리옷을 보고 자랐습니다. 그래서인지 우리옷의 화사하면서도 은은한 색상이 늘 친근하게 다가왔지요."

그러다가 그녀는 고등학교를 졸업하고 난 후 친척인 이리자 선생 문하에 들어가 본격적으로 한복 만드는 일을 익혔다. 바느질 하는 일이 즐거워서 옷감에 푹 파묻혀 살다가 스물셋 어린 나이에 본인이 운영하는 매장을 냈다.

"그때만 해도 명절 때면 일감이 밀려 며칠씩 밤을 새워야 할 정도였지요. 그런데 지금은 예전 같지가 않아요. 혼수도 간소화 되어가는 추세고, 명절이라고 해서 설빔, 추석빔을 따로 장만하는 분들이 줄어든 편이지요."

20여 년 가까이 우리옷 만드는 일에 매달려온 그녀는 소박한 일상 옷에서부터 세련미와 화려함이 극치에 이르는 궁중의상까

"간편한 것도 좋지만 우리의 전통을 가볍게 생각하고 싶지 않아요." 제대로 입는 우리옷을 많은 이들에게 입히고 싶다는 우리옷 연구가 김정아 씨

지 전부 만들 수 있다. 그래서 요즘 그녀가 관심을 기울이고 있는 것은 누구나 편하게 일상적으로 입을 수 있는 우리옷을 만드는 일이다.

"요즘 개량 한복이 많은 분들의 관심을 끌고 있더군요. 그렇지만 너무 간편하고 실용적인 것에만 치중을 하다 보니 전통 우리옷이 갖고 있는 격식을 소홀히 여기는 부분도 없지 않은 듯싶어요. 간편한 것도 좋지만 우리의 전통을 가볍게 생각하고 싶지는 않아요."

고구려 시대에 입었던 우리옷을 실용화하는 일에 힘을 쏟고 있는 그녀는 제대로 입는 우리옷을 많은 이들에게 입히고 싶은 소박하면서도 야무진 포부를 품고 사는 기대되는 우리옷 연구가임에 틀림없다.

전통의 향기를 피워내는 소중한 사람들
삼베

"열한 살부터 베를 짜기 시작했응께, 곧 칠십 년이 다되것소잉. 징허게도 고생스럽긴 해도 삼베 짜는 일은 재미져라. 한 필 한 필 놓고 나면 가용에도 보태고 아이들 공부도 갈칠 수 있으니 촌 살림에 이만한 돈벌이가 또 있었것소"

열한 살 때부터 삼베를 짜기 시작했다는 김점순 할머니(78세)는 곡성 돌실나이로 불리는 삼베를 솜씨있게 짜내는 사람이다. 할머니의 솜씨는 20여 년 전 이미 인정을 받아 그녀는 중요 무형문화재 제32호로 지정이 되어 있다.

"베바닥 한 필을 놓으려면 손이 몇백 번이 가야 하는지 모르지라. 그러케롬 손이 많이 강께 베가 질기고 실해서 다른 옷감보다 더 오래 견디는 것이지라. 아홉 새(올의 가늘기를 따지는 수치) 삼베로 옷을 지어입으면 사람의 신수가 얼마나 달라져 보이던지, 입성이 날개란 말이 꼭 들어맞지라."

할머니는 자신이 짜낸 삼베로 곱게 옷을 지어입는 사람을 만날 때가 가장 즐겁다고 웃는다. 이태 전인가는 20여 년 전에 자

70년 동안 삼베를 짜온
인간문화재 김점순 할머니.
"시원하고 멋지고 삼베만한
옷감이 또 있겠소?"

신에게서 베 한 필을 사간 사람이 오래도록 농 속에 모셔두었다가 옷을 지어입었다고 자랑을 하더라며, 삼베는 옷감이 오래가는 것이 특징이라고 덧붙인다. 대장장이 집에 쓸 만한 연장 없더라고, 베틀에 달라붙어 베만 짜온 할머니도 쓸 만한 삼베 적삼, 저고리 하나 없다. 가장 변변한 것이라고는 십몇 년 전 인간문화재들이 미국에서 제작과정을 실연할 때 지어입고 간 적삼, 저고리뿐.

"가용에 보탤 욕심에 내 옷 지어입을 생각은 옛날에는 감히 못 했지라. 영감이랑, 아그들이야 큰맘 먹고 지어입히기는 했지만…. 여름 더위 피하기는 삼베만한 옷감이 없는데 요새 젊은 사람들은 간수하기 힘들다고 삼베니 모시는 통 멀리 합디다. 그런 사람들을 보면 짠하다는 생각이 들지라. 그러케롬 시원한 맛을 모르고 사니 얼마나 안타깝소잉."

빨기 쉬운 화학섬유를 좋아하는 요새 젊은 사람들이 안돼 보인다고 생각하는 할머니는 이러다 삼베가 자취를 감추게 되지나 않을까 걱정이다.

전통의 향기를 피워내는 소중한 사람들
간장

　서울에서 성남 가는 세곡동 길을 따라가다 보면 운곡 마을이 나타난다. 이 마을에는 옛 솜씨로 메주를 쑤어 우리의 맛 간장을 만드는 사람이 있다. 바로 조숙자 씨(56세).
　그녀는 이웃 마을에서 운곡으로 시집을 온 이래 30년 넘게 메주 쑤고 간장 담그는 일을 해마다 거르지 않고 해오고 있다. 이런 그녀의 솜씨가 입에서 입으로 알려져 지금은 서울시 농촌지도소의 도움으로, 서울 시내 많은 가정의 메주와 간장을 담가주는 일까지 도맡아하고 있다.
　그녀가 일년에 쑤는 메주는 콩으로 수백 가마가 될 정도다. 또 간장을 담가야 하니 어른 키만한 간장 담는 항아리가 수십 개씩 그녀의 마당에 줄을 지어 서 있다.
　"제 솜씨가 좋다기보다 요즘의 가옥 구조가 메주를 띄우고, 간장을 담글 만한 공간이 없다 보니 저희 집에서 간장을 담가 가시는 분들이 늘어난 것이죠. 집집마다 메주 쑤고 간장 담는 풍습이 없어져 아쉽기는 하지만, 이렇게라도 우리의 옛맛을 지켜가려

전통 간장의 맛을 이어가는
조숙자 씨.
"사실 내 땅에서 난
내 먹을거리보다 세상에
더 좋은 보약이 어디
있겠습니까."

는 분들이 계속 늘어나니 고맙고 반가울 뿐이죠."

간장 맛이 곧 그 집의 음식 맛이라는 사실을 강조하는 조씨는 요즘 젊은 사람들이 우리의 옛맛을 이렇게라도 잊지 않고 지내는 것이 고마울 뿐이라며 빙그레 웃는다.

사람들은 장 하면 간장만 떠올리는 경우가 많은데, 그녀는 자신이 어릴 적 먹었던 다양한 장맛을 잊을 수 없다. 찹쌀밥에 메주가루를 섞어 만든 막장, 콩을 삶아서 뜨듯한 아랫목에다 이삼일 발효시켰다가 먹던 청국장, 메주에 뜨거운 물과 소금을 싱겁게 넣어 일주일 정도 발효시켜 먹던 담북장….

"간장 맛을 지켜가다 보면 언젠가는 이런 다양한 장도 많은 사람들이 다시 좋아할 날이 오겠지요. 요즘 들어 먹는 것에 신토불이 바람이 강하게 불고 있으니까요. 사실 내 땅에서 난 내 먹거리보다 세상에 더 좋은 보약이 어디 있겠습니까."

전통의 향기를 피워내는 소중한 사람들
나물

"음식의 맛을 제대로 알면 나물 요리를 싫어할 까닭이 없죠 나물에 따라 씁쓰름하기도 하고, 달콤하기도 하고, 고소하기도 하고…. 생나물로 쌈을 싸먹으면 그 맛이 또 어떻구요…"

양평 용문사 입구 관광단지에서 27년째 산채정식을 팔고 있는 중앙식당 주인 이옥녀(54) 여사는 산나물 요리에 대해 박사학위가 있다면 진즉 그 학위를 따고도 남았을 사람이다.

그녀는 산채 많기로 유명한 용문산에서 난 고사리, 다래순, 취, 떡취, 곰취, 싸리버섯, 느타리버섯, 원추리 등으로 맛깔스런 나물 요리를 해내어 해마다 관광철이면 발 디딜 틈도 없이 사람들이 그녀가 운영하는 식당으로 몰려들 정도

"나물은 삶을 때나 요리를 할 때 모두 정성을 기울여야 해요. 하지만 누구나 요령만 알면 쉽게 할 수 있는 요리죠"

그녀는 말린 나물의 경우 물에 충분히 불렸다가 팔팔 끓는 물에 삶은 다음, 삶은 그 물 속에 담가두었다가 물기를 꼭 짜서 들기름을 프라이팬에 적당히 두른 다음 볶아야 한다고 밝힌다. 물

"나물은 손맛이 들어가야
제맛이 나는 법이죠."
산나물 요리만 30여 년 해온
중앙식당 이옥녀 여사

론 볶기 전에 조선간장, 마늘, 파 등을 알맞게 버무려 간을 맞추어야 제맛이 난단다.

"생나물을 말릴 때는 데친 다음에 말려야 할 것이 있고, 그냥 응달에 말려야 할 것이 있지요. 삶아서 말리는 나물은 고사리와 다래순이구요. 그냥 그늘에서 말리는 것은 취나물 종류지요."

데친 나물은 햇볕에서 완전히 말려야 하고, 그늘에서 말리는 나물은 나물의 제색을 살리기 위한 것이므로 햇볕을 쪼이는 일이 절대 없어야 한다고 그녀는 덧붙인다.

"요즘 주부들 보면 나물을 무칠 때 젓가락이나 고무장갑을 끼고 요리를 하는 사람들이 많던데, 그것은 잘못된 요리법이에요. 나물은 손맛이 들어가야 제맛이 나는 법이거든요."

요즘 젊은 사람들의 쉽게 음식하려는 태도가 마땅치 않은 듯 그녀는 음식 맛은 손맛이라는 이야기를 강조했다. 용문사에 놀러 갈 일이 있으면 그녀가 만드는 산채정식도 맛보고, 또 그녀에게서 나물 요리하는 법을 한 수 배워보는 것도 뜻있는 일이 될 듯싶다.

전통의 향기를 피워내는 소중한 사람들
떡

서울 동쪽 금호동 산비탈에는 소문난 떡집이 있다. 오병한과. 문을 연 지 7년째 접어들지만 이 집의 이름이 입맛 까다로운 사람들에게 자주 오르내리는 것은 다름 아닌 전통의 떡맛을 잇고 있는 까닭이다.

"떡 만드는 일에 본격적으로 뛰어든 지는 얼마 되지 않았어요. 물론 이전에도 한정식집을 경영하면서 후식으로 우리의 떡이나 과자를 내놓기는 했었지만, 누군가 이 일을 해야 된다는 생각으로 뛰어들었습니다." 손자를 둔 할머니가 되어서야 전통 떡 만드는 일에 뛰어들게 된 동기를 최순자 씨(54세)는 이렇게 밝힌다.

전통 떡이나 한과를 재현시키느라 밤을 꼬박 새운 적도 많았다는 그녀는 처음에는 직접 한과를 만들어 길거리에서도 팔아보고, 아파트 단지나 동네 부녀회 등을 통해 2년 동안 시장 조사 겸 한과에 대한 일반의 관심을 파악했다. 이런 노력 끝에 그녀는 떡이나 한과 등의 전통 음식이 대중화가 되어 있지 않다는 사실을 깨달았다. 따라서 대중화를 위한 노력을 기울이면 시장성이 있다는 자신감도 들었다. 현재는 서울 시내 유명 호텔 웬만한 곳에는 오병한과에서 만든 떡이나 한과가 납품될 정도로 늘어났다. 함께 일하는 식구도 50명에 이를 정

전통 떡 잇기 위해 구슬땀 흘리는 오병한과 주인 최순자 씨. "쌀 시장도 개방되는 시점에서 떡을 많이 먹는 것은 우리의 농산물을 살리는 지름길"이라고 힘모아 말한다.

도로 늘어났다. 충남 온양에 자동화 설비를 갖춘 공장을 짓기 위해 동분서주하고 있는 그녀는 공장이 완공되면 다양한 상품을 일반에게 내놓을 생각이다.

"떡 하면 단순히 떡집에서 사먹는 것으로만 여기는 사람들이 의외로 많아요. 하지만 떡은 누구든 집에서도 만들 수 있는 엄연한 우리의 음식이잖습니까. 그래 바쁜 현대인들을 위해 반가공 상태, 즉 작은 떡시루에 쌀가루를 담아서 집에서 직접 쪄먹는 재미를 느낄 수 있도록 해볼 생각입니다."

떡은 단순한 음식이라기보다 우리의 정신을 잇는 의미있는 것이므로 호호백발이 되어서도 이 일을 해보고 싶다는 그녀는 우리의 먹거리가 피자, 햄버거에 자리를 내주는 것이 안타깝다.

"쌀 시장도 개방되는 시점에서 떡을 많이 먹는 것은 우리의 농산물을 살리는 지름길"이라고 힘을 모으는 그녀는 그 어떤 맛 좋은 서양 과자나 별식에 비해 월등히 뛰어난 맛과 영양분이 들어 있는 떡을 즐겨 먹고, 만드는 일에 젊은 주부들이 더 관심을 쏟아야 한다고 밝혔다.

전통의 향기를 피워내는 소중한 사람들
장아찌

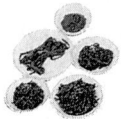

 수백년 전부터 임금님에게 진상되던 순창 고추장. 매콤달콤한 그 맛은 지금도 순창을 전국으로 빛내는 대명사다. 이런 까닭에 순창 읍내에 들어서면 고추장이나 고추장장아찌를 파는 곳이 즐비하다. 저마다 질 좋은 제품을 자랑하는 이곳에는 웃을 때면 눈이 외줄로 그어지는 토속적인 얼굴을 한 아주머니가 있다. 별미 고추장의 주인 설동순 씨(45세). 그녀는 순창에서 나고 자란 토박이다. 어렸을 때부터 친정어머니 곁에서 전통 고추장과 장아찌 담그는 법을 익혀온 아주머니는 아까운 솜씨를 썩힌다는 주변의 성화로 고추장을 만들어 파는 일에 나선 지 10여 년이 되었다.
 그녀는 솜씨를 인정받아 지난 93년 전통식품인 고추장을 만드는 기능인이 되었다. 그녀가 이곳에서 만든 고추장이나 장아찌는 맛도 맛이려니와 정해진 양보다 한 줌씩 더 담아주는 넉넉함과 정이 듬뿍 담긴 구수한 전라도 사투리에 정이 붙어 전국 각지에 단골고객이 많다. 말 한 마디마다 어찌나 정이 넘치던지 손님들은 그녀가 고향집 고모 같다며 '고모'라고 부르는 이도 적지 않다.
 "장아찌의 맛은 맹그는 사람의 정성이 젤로 중요하지라. 새끼

"장아찌의 맛은 맹그는 사람의
정성이 젤로 중요하지라."
고향집 고모처럼 마음
넉넉한 별미고추장 주인,
설동순 아주머니

들 보살피듯 독아지를 들여다봐야제 제맛이 든당게요."

설동순 아주머니는 맛있는 고추장과 장아찌 만드는 비결을 이렇게 설명한다. 이런 까닭에 아주머니는 자신의 덩치보다 더 큰 전통 옹기 백여 개를 들여다보느라 날마다 장독대를 오가며 종종걸음을 친다. 바로 이런 정성이 별미고추장의 맛을 살리는 비결인 셈이다. 그녀는 고추장이나 장아찌를 만들 때 '내 가족이 먹는다'는 생각을 한시도 잊지 않는다. 고춧가루나 더덕, 무 같은 재료 구입부터 곰삭히는 그 복잡한 과정을 그녀는 어느 한순간도 소홀히 하지 않는다.

"순창 장아찌는 때맞춰서 새 고추장으로 옮겨박아야 참맛이 우러나지라. 제가 삭히는 장아찌는 어떤 재료든 일곱 번 이상 새 고추장으로 옮겨박아서 맛을 들인당께요. 이렇게 옮겨박으려면 3년은 묵혀야 하지라. 그렇게 깊은 맛이 나지요."

사각거리면서 쫄깃한 장아찌를 옮겨담으면서 그녀는 자신이 만드는 장아찌나 고추장은 정성밖에 따를 것이 없다는 말을 몇 번이고 반복했다.

전통의 향기를 피워내는 소중한 사람들

술

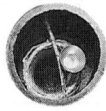

　박기색 할머니(67세)가 홍주와 인연을 맺은 것은 진도읍에서 차약방이라는 한약방을 경영하던 차씨 집안으로 시집을 오면서부터.
　"시집 와서 얼마 지나지 않았을 때였어라. 밤에 잠을 자다가 밖에 나와본께 정재에 불이 훤허게 써졌어라. 뭔 일이다냐 궁금해서 문틈으로 내다본께 시어머니하구 시할머니가 뭘 해쌌대요 다음날 손윗동서한테 그 말을 헌께 동서가 그래라. '이 사람아 그게 술이라네. 홍주 말이시.' 그래서 홍주를 처음 알았소"
　박할머니가 시집온 당시만 해도 왜정시대라서 밀주에 대한 단속이 심해 술을 빚다가 들통이 나면 살림을 못 한다는 말이 있을 정도였다고.
　이런 까닭에 박할머니 역시 시어머니로부터 밤에 불을 써놓고 홍주 제조 비법을 전수받았다고 한다.
　"요새는 참말로 좋아졌제라. 옛날 같으믄 홍주를 아무나 먹을 수 있었다요. 아주 귀했응께. 먹을 곡식도 귀한디 어디 술을 담

"먹을 곡식도 귀한디 어디 술을
담가 먹을 수 있었다요.
그때는 홍주를 약으로 썼어라."
3대째 진도 홍주를 빚고 있는
박기색 할머니

가 먹을 수 있었다요. 그때는 홍주를 약으로 썼어라. 급체한 사람헌티 먹이면 신통하게 낫어부렀응께요"

이밖에도 열이 있을 때, 여름철에 배앓이 할 때, 설사할 때 홍주를 한 잔 정도 마시면 쉽게 나았다고.

처음에 증류되어 나온 홍주는 알콜 도수가 70도가 넘을 정도로 순도가 좋다. 시판되는 홍주는 나중에 증류된 도수가 약한 술과 희석해 45도 내외로 알코올 도수를 맞추는데, 많이 마셔도 뒤끝이 깨끗한 것이 특징이다.

박할머니는 제대로 된 홍주를 만들기 위해서는 진짜 야생 지초를 쓰고, 재래식 소줏고리를 통해 증류를 해야 한다며 아직도 전통 방식을 고집하고 있다.

현재 진도 내에서 홍주를 제조하는 곳은 여러 집이지만, 박할머니의 홍주는 맛이 좋기로 소문이 나 있다. 할머니의 홍주를 가게에 내다팔지 않으므로, 할머니의 홍주를 맛보려면 직접 주문하는 방법밖에 없다.

전통의 향기를 피워내는 소중한 사람들

별식

안동 하회마을 겸암 유운룡 선생의 15대 종부인 양진당 안주인 김명규(81세) 여사는 올해로 63년째 이 집에서 살고 있다.

열여덟에 시집을 와서 위로 딸 넷, 아래로 아들 넷을 낳고 성장시킨 김여사는 나이가 곧이 들리지 않도록 고운 자태를 간직하고 있다. 곱게 늙는 비결이 뭐냐고 묻는 필자의 질문에 "마음을 곱게 쓰면 곱게 늙니더"라고 투박한 사투리로 답하는 여사는 대가집 안주인으로서의 당당한 기품이 넘쳐흐른다.

"일이라면 이제 신물이 나니더. 크고작은 손 치는 일이 어디 쉬운 일이니꺼. 하지만 사람 사는 집에 사람이 들락거려야 재미가 나니더. 이젠 다 지나간 옛날 일이니더…."

김여사는 일흔일곱 칸을 자랑하는 보물 306호로 지정된 양진당의 안채, 사랑채, 행랑채에 사람이 들끓던 시절이 그리운 표정을 지어보였다.

안동 하회마을은 우리나라의 대표적인 양반 마을로 꼽힌다. 그 중에서도 양진당은 겸암 선생 대종택으로 풍산 유씨의 집성촌인

양진당 6백 년 고가를 지키고 있는 종부 김명규 씨. "선비 집안 살림이 풍족하면 얼마나 풍족하겠니껴. 하지만 손 치는 데 정성은 다했니더."

하회에서 가장 어른집인 셈이다. 이미 고인이 된 김여사의 부군 유한수 선생이 생존해 있을 때만 해도 양진당의 널따란 사랑 대청마루에는 손님이 끊일 날이 없었다고 한다. 이러니 김여사는 그 어느 하루 허리 펴고 쉴 날이 없었다. 찾아드는 손님 음식 대접하기가 어디 쉬운 일이겠는가.

"선비 집안 살림이 풍족하면 얼마나 풍족하겠니껴. 집에 찾아온 손 누구에게나 융숭한 대접은 못했니더. 손에 따라 끼니만 대접하기도 하고, 융숭한 음식을 만들어 대접하기도 했니더. 하지만 손 치는 데 정성은 다했니더."

김여사가 손님을 접대하는 것은 자신의 형편껏 한다는 것이 가장 큰 원칙이었다. 여름에는 마당에 연 앵두를 따서 화채를 내놓기도 했고, 제사나 집안 큰 행사 뒤끝이면 그때 쓴 마른 음식을 잘 간수해두었다가 손님 접대용으로 쓰기도 했다. 또 계절에 따라 유과나 약과, 강정, 육포, 문어포 등을 장만해 귀한 손님이 찾아오면 꺼내쓰기도 했다.

계절에 따라 유과나 약과, 강정, 육포, 문어포 등을 장만해 귀한 손님이 찾아오면 꺼내쓰기도 했다.

"얼마 전만 해도 낙동강 물을 그냥 마셨더이더. 물맛도 좋았고, 강물에 머리를 감고 나면 여느 온천수보다 머릿결이 더 부드러웠니더. 인자는 오염이 돼서 묵지 못하고 말았으니, 생각해보면 옛날이 정말 좋았니더."

김여사는 세상이 많이 변한 것을 식수로 쓰던 낙동강 물을 예를 들어 이야기하다가 이런 말을 보태기도 했다.

"가끔 옛날 식으로 음식을 만들어보니더. 하지만 맛이 옛날 같지 않니더. 솜씨도 옛날 같지 않기 때문 아니니껴."

이젠 나이가 들어 음식을 만들어도 옛 맛을 내기 어렵다는 김여사. 하지만 손님을 반기고 대접하는 그 마음은 전혀 변하지 않은 것 같았다. 찾아간 필자에게 먼 길 왔으니, 하룻밤 쉬었다 가라고 소매 끝을 잡아당기는 그 손길에 그런 김여사의 따뜻한 마음씀이 진하게 배어 나왔기 때문이다.

전통의 향기를 피워내는 소중한 사람들
장도

 백운산 자락이 감싸는 전라도 광양 땅에는 장도를 만드는 장인 박용기 씨(64세)가 산다. 열네 살부터 장도를 만들었으니 그의 장도 만든 세월은 올해로 반백년이 되는 셈.
 "장도는 남자가 차는 것은 충절도, 여자가 차는 것은 정절도란 이름을 갖고 있죠. 사대부 집안에서 장도는 빼놓을 수 없는 살림살이였습니다. 장도를 차고 다니며 자신의 어지러운 마음을 오려내고 잘라내는 도구로 사용하였던 것이죠."
 그가 장도 만드는 일에 지금까지 매달릴 수 있었던 것은 돈벌이라는 생각을 애초부터 갖지 않았기 때문이다. 그의 스승 장익성 선생에게서 장도 만들기를 익혀가면서부터 그는 이 일을 취미생활로 여겨왔다고.
 "장도는 종합예술입니다. 쇠를 다룰 줄 알아야 되고, 나무를 다룰 줄 알아야 되고, 매듭도 알아야 하고, 조각도 알아야 되고, 또 금·은 등 귀금속의 성질도 잘 파악해야 하고 말입니다. 그래서인지 아무리 해도 끝이 보이지 않는 것이 이 일 같기도 합니다.

50여 년 장도를 만들어온 인간문화재 박용기 선생. "장도는 사람의 마음을 정화시켜주는 소중한 문화유산입니다."

한 분야만 제대로 알려고 해도 힘이 드는데 종합적으로 눈을 떠야 되니 어디 쉬운 일이겠습니까."

이런 까닭에 그는 일을 할 때 마음을 비운다. '이 장도를 만들면 돈이 얼마가 벌리겠다'는 생각을 먼저 갖게 되면 제대로 된 명품이 나오지 않는다고 믿기 때문이다.

"장도는 요즘처럼 윤리도덕이 땅에 떨어진 시대에 정말 필요한 물건입니다. 사람이 올바르게 살아가는 길을 가르쳐주는 것이죠. 제 개인적인 생각입니다만 결혼할 때 보석반지보다 장도를 서로 주고받는 것이 오히려 더 바람직스럽지 않을까 생각해보기도 해요. 부부가 되어 함께 살면서 서로 품에 간직한 장도를 꺼내보면서 서로 지켜야 할 예의, 상대방에 대한 신의를 다시금 되새겨볼 수 있을 테니 말입니다."

박씨는 장도를 칼집에 끼울 때나 꺼낼 때도 예절이 필요하다고 말한다. 장도를 칼집에서 빼낼 때는 장식 부분에다가 엄지손가락을 얹은 다음 슬며시 밀어주고, 꽂을 때는 칼등이 장식의 고

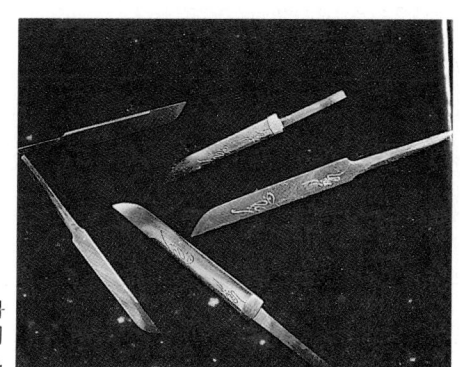
장도는 칼집에 끼울 때나
꺼낼 때도 예절이
필요하다고 한다.

리를 향하게 올린 다음 꽂아야 한다고 양손을 이용해서 칼을 빼는 것은 상대방을 공격하겠다는 의미와 다를 게 없다는 것이 그의 생각이다.

"결혼을 앞둔 처자와 그 어머니가 장도를 주문하러 오면 가장 기쁩니다. 한 남자의 여인이 되면서 본인 스스로 그 남편에게 모든 것을 바치겠다는 지순한 마음을 새기기 위한 것이니 어찌 기쁘지 않겠습니까."

참고문헌

강인희,『한국의 맛』, 대한교과서주식회사, 1987
고대민족문화연구소,『한국민속대관』1~5권, 고대민족문화연구소 출판부, 1982
상기호,『오색한지공예』, 한림출판사, 1988
서희권 편,『박물관 대학』, 조선일보사, 1985
양의숙,『고운 옛옷과 치장들』, 예나르, 1995
이병도 외 역,『한국의 민속, 종교 사상』, 삼성출판사, 1981
임동권,『한국의 민요』, 일지사, 1980
최상수,『한국의 미, 세시풍속』, 서문당, 1988
한국문화상징사전 편찬위원회 편,『한국문화상징사전』, 동아출판사, 1992
한국민속사전편찬위원회,『한국민속대사전』1~2권, 민족문화사, 1991
홍정실,『장석과 자물쇠』, 대원사, 1990